T0158027

Printed in the United States
By Bookmasters

الطفـولة

الطفولــــة

الدكتورة
أوجيني مدانات

راجعه ونقحه
برزة كمال

الطبعة الأولى

1427هـ - 2006م

المملكة الأردنية الهاشمية رقم الإيداع لدى الدائرة الوطنية (2006/9/2483)
رقم الإجازة المتسلسل لدى دائرة المطبوعات والنشر (2006/9/3145)

649
مدانات، أوجيني ميخائيل
الطفولة / أوجيني ميخائيل مدانات.-
عمان: المؤلف ، 2006
(244) ص.
ر.أ: (2006/9/2483)
الواصفات: / الطفولة// رعاية الطفولة// الأطفال/

*** تم إعداد بيانات الفهرسة والتصنيف الأولية من قبل دائرة المكتبة الوطنية**

ISBN 9957-02-258-x (ردمك)

دار مجدلاوي للنشر والتوزيع
تليفاكس: ٥٣٤٩٤٩٧ - ٥٣٤٩٤٩٩
ص.ب ١٧٥٨ الرمز ١١٩٤١
عمان - الاردن

Dar Majdalawi Pub.& Dis.
Telefax: 5349497 - 5349499
P.O.Box: 1758 Code 11941
Amman- Jordan

www.majdalawibooks.com
E-mail: customer@majdalawibooks.com

المحتويات

الإهـــداء

إلى من امتدت يدها لتمسح دمعة كل يتيم ومحروم...

إلى من ساندت كل شاب طموح ومقدام...

إلى من وقفت بجانب المرأة أسريا وتربوياً...

إلى من كانت بلسماً شافياً لكل جرح نازف ...

إلى من كانت الدفء والحنان لكل أسرة وبيت...

إلى من كانت الثقة والإيمان لوطنها وأمتها...

إلى راعية الأمومة والطفولة...

إلى الأم الرؤوم والزوج الحنون والراعية الصالحة...

إلى جلالة الملكة رانيا العبد الله المعظمة...

وإليك وحدك أيتها الكبيرة الرقيقة، القوية الواعية أهدي كتابي هذا ...

المؤلفة

المقــدمة

يهتم علم نفس النمو بدراسة سلوك الأطفال والمراهقين والراشدين والشيوخ ونموهم النفسي ـ منذ فترة الإخصاب وحتى الممات. وتتداخل مراحل نموهم كما تتداخل فصول السنة، ولذا وجب على الوالدين والمربين وأفراد المجتمع الاهتمام بالمرحلة الجنينية والطفولة لما لهما من أثر بالغ في تربية الأطفال وتنشئتهم النشأة الاجتماعية الصالحة، وكما قال عالم النفس الكبير سيجموند فرويد: إن مرحلة الطفولة تؤثر في سلوك الفرد اللاحق.

الطفل عالم غريب لا يستطيع سبر أغواره إلا كل من تسلح بمعرفة مظاهر نموه الجسمي والعقلي، الانفعالي والاجتماعي واللغوي وتتبع تطوره في مراحله العمرية المختلفة، وأدرك أن الطفل عبارة عن طاقات فطرية كامنة إذا أحسن الفرد استغلالها بتوجيهها التوجيه الأمثل تنمو وتترعرع على نحو سوي وإلا تفجرت وقتلت نفسها ومن حولها وكانت وبالا على أسرتها ومجتمعها، إذ أن الطفولة المبكرة هي حجر الزاوية في تشكيل شخصية الطفل.

ومن هذا المنطلق ومن الخبرة التي مررت بها فإنني أقدم هنا بعض الجوانب الحساسة في نمو الطفل وتطوره والتي تهم كل فرد له علاقة مباشرة في تربية الطفل. وتقودني الذكرى وأنا أضع اللمسات الأخيرة لكتابي هذا إلى سؤال طرح علي من أحد أساتذة اللجنة التي ناقشت رسالتي الدكتوراه: لماذا ركزت كثيرا على الطفل في رسالتك؟ وأجبت: العالم طفل إذا أحسنا تربيته وإعداده إعدادا سويا واهتممنا بنموه وتطوره وأشبعنا متطلبات كل مرحلة من مراحل نموه فإننا نؤمن بذلك عالما يسوده الحب والأمن والطمأنينة.

وفقنا الله في تربية الطفل وتنشئته تنشئة صالحة فطفل اليوم هو رجل الغد الذي تقوم على كاهله أعباء أمته.

المؤلفة

مرحلة ما قبل الميلاد

(المرحلة الجنينية)

لقد اهتم العلماء بدراسة النمو في مرحلة ما قبل الميلاد، واعتمدوا في دراستهم على ملاحظة الأجنة التي انتزعت من الأرحام لأسباب طبية، وعلى الدراسات الأكلينيكية للأجنة وهي في الأرحام. وقد توصلوا إلى عدد من الحقائق المتعلقة بالنمو في هذه المرحلة.

ويمتد البعد الزمني الذي تستغرقه هذه المرحلة من لحظة الإخصاب حتى لحظة الميلاد أي مدة الحمل (حوالي تسعة أشهر ميلادية أو عشرة أشهر قمرية أو 40 أسبوعا أو 280 يوما) وهكذا نرى أن علم النفس التطوري يدرس الفرد منذ بدء تكوينه لا منذ ميلاده. ويحسب الصينيون مرحلة ما قبل الولادة ضمن عمر الفرد وذلك بإضافة عام إلى عمره.

ومرحلة ما قبل الميلاد ذات أهمية خاصة لأنها هي مرحلة التأسيس، إنها مرحلة وضع الأساس الحيوي للنمو النفسي والتغيرات التي تحدث فيها في مدة تسعة أشهر تكون حاسمة ومؤثرة في حياة الفرد كله.

وهذه المرحلة تعتبر أيضا طفرة في النمو فمثلا يزداد وزن الجنين في هذه المرحلة منذ بدايتها حتى الميلاد حوالي 6 ملايين مرة بينما يزداد وزن الفرد منذ ميلاده حتى رشده 20 مرة.

الشهر الأول يبدأ النمو عندما يتم الجماع الجنسي بين رجل بالغ وامرأة بالغة، وتكون بويضة الأنثى (وهي أكبر خلية في الجسم) في قناة المبيض في طريقها من المبيض (وهو في حجم حبة الجوز) الذي يفرز بويضة كل 28 يوما من خلال قناة البويضات أو قناة فالوب وطولها 10سم إلى الرحم، ويشبه الرحم الكمثرى المقلوبة في الظروف الطبيعية ويكبر في الحجم كلما كبر حجم الجنين، وتستغرق مرحلة البويضة من 3-7 أيام ويكون هذا عادة في منتصف دورة الحيض.

يسعى الحيوان المنوي إلى البويضة كما في الشكل رقم (1).

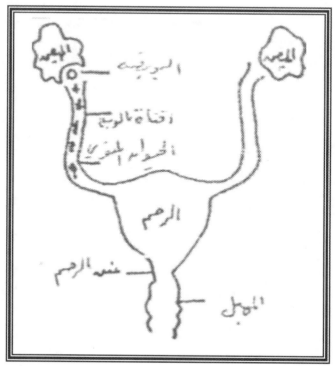

الشكل رقم (1)

سعي الحيوان المنوي إلى البويضة

يتكـون في كـل مـن الخليتـين الأنثويـة (البويضـة) والذكريـة (الحيـوان المنـوي) صـبغيات (الكروموزومات) وعددها 23 كروموزوم والكروموزوم عبارة عن خيوط من المادة الحية تحمل الموروثات (الجينات) وهي وحدات دقيقة من المادة الحية تشبه الخرز حيث يحمل كل كروموزوم أكثر من 100 جين وتحمل الموروثات جميع الصفات التي تحدد خصائص الفرد كما في الشكل رقم (2).

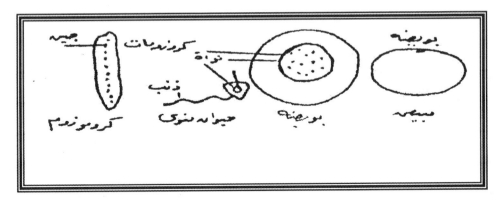

شكل رقم (2)

عندما يصل الحيوان المنوي إلى البويضة يخترق الغلاف الخارجي لها وتلتصق نواته بنواتها، وبذلك تتم عملية الإخصاب خلال ثلاثة أيام بعد الجماع كما في الشكل رقم (3).

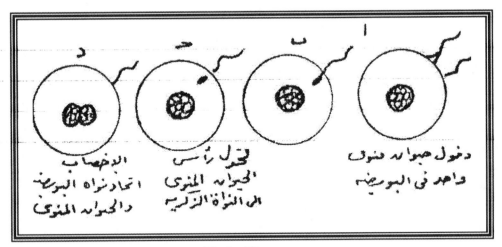

شكل رقم (3)

عملية الإخصاب

تتحد الخليتان وتكونان خلية كاملة ذات 23 زوجا من الصبغيات تتكاثر بالانقسام الذاتي إلى

خليتين ثم إلى أربع ثم إلى ثمان ثم إلى 16 ثم إلى 32 وهكذا بحيث تتكون كل خلية من الخلايا الجديدة

من نفس العدد من الصبغيات(46) كما في الشكل رقم (4).

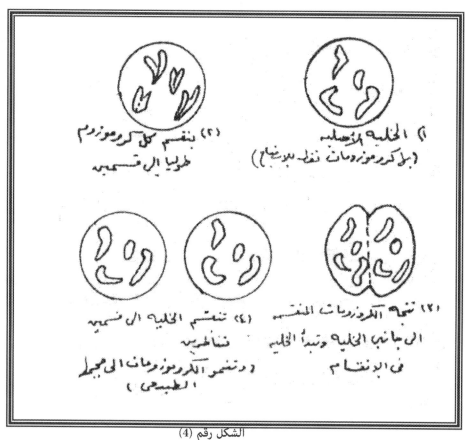

الشكل رقم (4)

وهكذا تتفاعل الصبغيات الذكرية والأنثوية لتتحدد من ذلك صفات النسل الجديد، ويلاحظ أن

الزوج الأخير من الكروموزومات هو الذي يحدد الجنس ذكرا أم أنثى، وتنزل البويضة في قناة البويضات

(قناة فالوب) إلى الرحم وبعد حوالي

أسبوعين من الإخصاب تتعلق العلقة بجدار الرحم (تغلفها المشيمة) ويبدأ الجسم يتكون ويغلفه مادة سائلة للوقاية والحماية، ويكون الحبل السري وسيلة الجنين للغذاء ثم تتمايز الخلايا ويصبح بعضها خلايا عصبية وبعضها خلايا عظمية وبعضها خلايا عضلية.

وتتخصص الخلايا وتتكون ثلاث طبقات .

الطبقة الخارجية وتكون الجهاز العصبي والحواس والجلد والشعر والأظافر والأسنان.

الطبقة الوسطى وتكون الجهاز العضلي والجهاز العظمي والجهاز الدوري والجهاز البولي.

الطبقة الداخلية وتكون الجهاز الهضمي والجهاز التنفسي والجهاز الغدي ويبدأ الجهاز الدوري في النمو أولا، وفي نهاية الأسبوع الثالث تبدأ دقات القلب كذلك يبدأ نمو الجهاز الهضمي ثم الجهاز التنفسي- ثم الجهاز البولي وبعد مضي حوالي **شهر من الإخصاب** يصل الطول إلى حوالي 1 سم.

الشهر الثاني(المضغة)

يكون النمو سريعا جدا وتعتبر هذه المرحلة مرحلة تأسيس وتلاحظ الزيادة المطردة في الحجم، ويصل الطول إلى 4سم، وتتكون أعضاء الجسم مثل (الأمعاء والكبد والرئتين والعينين) وتتضح الصفات الأساسية للجسم، وتبدأ أصول الأطراف في الحركة البطيئة، ويبدأ نمو العظام والعضلات، ويصل حجم الرأس إلى نصف حجم الجسم، وينمو الوجه والرقبة والفم، وتتكون أعضاء التناسل، وتتكون العينان لكن دون إبصار، والإذنان ولا سمع، والأنف ولا شم، وذلك لامتلاء هذه الأجهزة بسوائل معينة. وفي نهاية هذا الشهر يتضح الشكل الآدمي للمضغة.

الشهر الثالث (الجنين) :

النمو سريع جدا في الحجم في هذا الشهر ويصل الطول إلى حوالي9 سم والوزن إلى حوالي30جم، ويستمر التمايز الجنسي أي نمو أعضاء التناسل عند الذكر وبقاء أعضاء التناسل عند الأنثى في حالة حيادية. يبدأ نمو بدايات الأسنان والحبال الصوتية ويزداد نشاط الجهاز الهضمي. تبدأ خلايا المعدة في الإفراز ويبدأ الكبد نشاطه كذلك الكليتان تبدآن العمل وتواصل العضلات والعظام النمو.

الشهر الرابع:

يسرع في هذا الشهر نمو الأجزاء السفلى ، ويصل الطول إلى حوالي12سم والوزن إلى حوالي 300 جم، ثم يتناقص حجم الرأس بالنسبة للجسم من نصف حجم الجسم إلى ثلثه ويستقيم الظهر، وتتشكل اليدان والقدمان ويكون لون الجلد أحمر، ويمكن تحريك الأصابع وتزداد النشاطات الانعكاسية وتزداد حركة الجنين، كما يزداد شبه الجنين بالإنسان.

الشهر الخامس:

تتكون الغدد العرقية والدهنية التي تفرز مادة دهنية تغطي جسم الجنين ثم يبدأ ظهور الشعر والأظافر، ويصل طول الجنين حوالي 30سم ووزنه حوالي نصف كجم، ويصل حجم الرأس إلى ربع حجم الجسم ثم تشتد حركة الجنين، وإذا حدث إجهاض يتنفس الجنين فترة وجيزة ثم يموت بعدها.

الشهر السادس:-

تتحرك الأطراف بوضوح، وتتفتح العينان وتنمو الرموش ثم تنمو براعم الذوق على اللسان، ولكن إذا ولد الجنين في هذا الشهر فقد يعيش لعدة ساعات إذا حفظ في خيمة خاصة ثم يموت.

الشهر السابع:

يكون نمو الجنين تاما ويصل في نموه إلى درجة الطفل المولود ويكون مستعدا للحياة، جهازه العصبي تام النمو واستجاباته متخصصة وإحساسه بالألم ضعيف. ويصل الطول إلى 40 سم والوزن حوالي 1.5 كجم.

وإذا ولد يكون قادرا على التنفس والبكاء والبلع ويكون حساسا جدا للعدوى، لهذا يحتاج إلى بيئة خاصة ورعاية تامة عند الولادة حتى يعيش.

الشهران الثامن والتاسع:-

تزداد في هذين الشهرين التفصيلات التشريحية للجنين، ويكتمل نمو كل أعضاء الجسم وإمكانياتها الوظيفية ويتكون الشحم في كل الجسم مما يعدل طيات الجلد ويفتح لونه، تزداد حركة ونشاط الجنين ويمكن له تغيير موضعه في الرحم، وتمتاز دقات قلبه بالسرعة، ويصل طوله حوالي 50 سم ووزنه حوالي 3كغم، ويكون الجنين مستعدا للحياة.

هذه نظرة سريعة للمرحلة الجنينية تلقى ضوءا ساطعا على النمو في مرحلة ما قبل الميلاد، وهي مرحلة تتجلى فيها قدرة الخالق سبحانه وتعالى وتتضح معجزة النمو، فلينظر الإنسان كيف يبدأ نموه من خلية واحدة تنمو في قرار مكين إلى عدة بلايين من الخلايا المتمايزة المتخصصة، وفيما يلي بعض الآيات القرآنية الكريمة التي تدل على عظمة الخالق سبحانه وتعالى في خلقه.

﴿ ألم نخلقكم من مآء مهين فجعلنـٰه فى قرار مكين إلىٰ قدر معلوم فقدرنا فنعم ٱلقـٰدرون ﴾ سورة المرسلات [20-23] . ﴿ ولقد خلقنا ٱلإنسـٰن من سلـٰلة من طين ثم جعلنـٰه نطفة فى قرار مكين ثم خلقنا ٱلنطفة علقة فخلقنا ٱلعلقة مضغة فخلقنا ٱلمضغة عظـٰما فكسونا ٱلعظـٰم لحما ثم أنشأنـٰه خلقا ءاخر فتبارك اللـه أحسن ٱلخـٰلقين ﴾ سورة المؤمنون: آيات [12-14].

العوامل البيئية التي تؤثر

على الجنين في فترة الحمل

إن كل ما يؤثر في تشكيل الجنين بعد علمية الإخصاب يصدر عن البيئة، أي ما يحيط بالجنين، فالبويضة المخصبة تنمو وتنقسم في بيئة الرحم طوال شهور الحمل وهنا يلاحظ أن بيئة الرحم قد تغير مسار النمو الذي تحدد بواسطة الجينيات.

وقد أشارت دراسات عديدة إلى أن الجنين وهو في الرحم يتأثر ببعض العوامل البيئية الخارجية. ويتوقف مدى تأثير العوامل المؤثرة في نمو الجنين على شدتها واستمرارها وعمر الجنين حين يتعرض لها. وفيما يلي أهم العوامل البيئية التي تؤثر على الجنين:-

1) غذاء الأم:

يجب أن يكون غذاء الأم الحامل كاملا ومتنوعا حرصا على صحتها أثناء الحمل وضمانا لصحة الجنين. ونحن نعلم أن غذاء الجنين مصدره الأم، وتدل البحوث على أن نقص غذاء الأم خاصة نقص البروتين وعدم اتزانه ونقص الفيتامينات خاصة فيتامين (ب) المركب يؤدي إلى الكساح وفقر الدم والهزال كما يؤدي إلى تأثر الجهاز العصبي والضعف العقلي والاضطرابات النفسية والتعرض للأمراض بعد الولادة، وقد لوحظ أن نقص وزن الأم الشديد مع بداية وأثناء الحمل قد يؤثر تأثيرا سيئا على نمو الجنين وقد تحدث الولادة المبكرة ويصل الحال أحيانا إلى الإجهاض.

2) مرض الأم:

يتأثر نمو الجنين تأثرا خطيرا إذا تعرضت الأم للإصابة بالعدوى بمرض خطير وهي حامل ومن أمثلة ذلك الزهري الذي قد يؤدي إلى الضعف العقلي أو

الصمم أو العمى، والحصبة الألمانية التي قد تؤدي أيضا إلى الصمم أو البكم أو إصابات القلب أو الضعف العقلي. وبالطبع تكون الإصابة أخطر كلما حدثت العدوى خلال الشهرين الأولين من الحمل، وكذلك اضطرابات إفرازات الغدد (خاصة النخامية والكظرية والدرقية) فإنها تعوق النمو العام للجنين. ولهذا على الأم أن تستشير طبيبها مرة كل شهر منذ أول الحمل حتى نهاية الشهر السابع ثم مرة كل أسبوع حتى الولادة .

3) تعرض الأم للأشعة:

تدل الدراسات أن تعرض حوض وبطن الأم الحامل للأشعة السينية (أشعة ×) بجرعات كبيرة يؤذي الجنين ويؤثر على جهازه العصبي ويؤدي إلى الضعف العقلي أو الإجهاض.

4) العقاقير:

يتأثر نمو الجنين بإفراط الأم الحامل في تعاطي العقاقير الطبية والمخدرات وإدمان الخمر والتدخين مما يحدث تغييرا كيميائيا في الدم ويعرض سرعة نمو الجنين للتأخر لتأثيرها في غذائه وتنفسه، وتدل بعض البحوث على أن إدمان المخدرات وإفراط الأم الحامل في التدخين يكون له أثر سيئ على نمو الجنين.

5) الحالة النفسية للأم:

يحتاج الجنين أن تصل إليه مؤثرات جسمية وانفعالية صحية عن طريق الأم وتؤثر الحالة النفسية للأم بطريق غير مباشر على نمو الجنين. فالخوف والغضب والتوتر والقلق عند الأم يستثير الجهاز العصبي الذاتي، وينعكس أثر ذلك في النواحي الفسيولوجية مما يؤدي إلى اضطراب إفراز الغدد وتغير التركيب الكيميائي للدم مما يؤثر بدوره على نمو الجنين، ويلاحظ أن شعور الأم الحامل بالخوف

الشديد أو الغضب والتوتر يصاحبه زيادة في حركة الجنين. كما أن القلق والتوتر الشديد قد يؤدي إلى مخاض أصعب وأطول.

6) عمر الأم:

تدل بعض البحوث على أن السن من 20-25 سنة هو أنسب الأعمار للحمل وأن أقل من 20 سنة يكون له تأثيره في حالة عدم نضج الجهاز التناسلي للأم، وأن فوق 35 سنة قد يكون له تأثير أيضا في حالة تدهور وظيفة التناسل واحتمال التعرض للأمراض وطول المخاض وصعوبته أو حدوث الضعف العقلي عند الوليد فيما بعد. والنساء اللواتي يضعن الطفل الأول وهن فوق الخامسة والثلاثين يكن أكثر عرضة للمرض أثناء الحمل وطول المخاض وقد يحتجن إلى المعونة الطبية والجراحية أثناء الولادة .

7) اتجاهات الأم:

قد ينعكس اتجاه المرأة الحامل نحو حملها على حالتها الانفعالية أثناء الحمل. ويلاحظ أن المرأة التي تكره أن تكون حاملا أو لا ترغب في الحمل قد تكون أكثر ميلا إلى الاضطراب الانفعالي. وإن الاتجاه السلبي نحو الحمل يصاحبه أحيانا الغثيان والتقيؤ، هذا إلى جانب الانفعال والاضطراب والصراع بين الزوجين وسوء التوافق بينهما يرتبط بعدم التوافق مع الحمل وظهور الاضطرابات النفسية والجسمية عند الأم ومحاولات التخلص من الجنين.

8) اضطراب الحمل والوضع:

قد يحدث أحيانا أثناء الحمل اضطرابات مثل الأصابة بالنزيف أو تسمم الدم، وهذا يؤدي إلى نتائج خطيرة في نمو الجنين، وقد تؤثر الولادة العسرة وإصابات الولادة في حالة الطفل العقلية والجسمية ومثال ذلك بعض حالات الولادة التي تستخدم فيها الآلات وأخطاء التوليد وقلة الأكسجين أو انقطاعه والنزيف في المخ،

كل هذا قد يؤدي إلى تلف في الجهاز العصبي المركزي تكون له نتائج سيئة في النواحي العقلية والنواحي الحركية مثل الضعف العقلي والصرع، كذلك تؤثر الولادة العسرة بتعرض الوليد لقدر كبير من الشدة والعناء ويكون الطفل في هذه الحالات ناقص الوزن مما يعرضه لخلل عصبي، وقد يلاحظ عند الأطفال ذوي الولادة المبكرة صعوبات كلامية ونقص في التآزر الحركي وتطرف النشاط إما بالزيادة أو النقصان وصعوبات في ضبط عملية الإخراج، كذلك تؤثر المحاولات المتكررة الفاشلة للإجهاض تأثيرا خطيرا على نمو الجنين.

العوامل الوراثية التي تؤثر

على الجنين

إن وراثة الطفل تتحدد نهائيا عند لحظة الإخصاب، أي عند اتحاد الحيوان المنوي الذكري بالبويضة الأنثوية، فكروموزومات الأب الثلاثة والعشرون وكروموزومات الأم المماثلة لها في العدد بما تحمله من جينات تحدد وراثة الطفل الكاملة.

وأهم ما يتحدد بالوراثة جنس الطفل "ذكرا أو أنثى" فمن بين الثلاثة والعشرين زوجا من الكروموزومات التي توجد في البويضة الملقحة نجد أن 22 زوجا تتشابه لدى الرجل والمرأة وتسمى الكروموزومات الذاتية، ولكن الزوج الثالث والعشرين يختلف عند الاثنين، ويشار إلى هذا الزوج بحرفي X أو Y وتسمى الكروموزومات الجنسية. وبخصوص كروموزومات الجنس نجد أن بويضة الأنثى تحمل كروموزومات من نوع X فقط. أما نصف الحيوانات المنوية التي تعد بالملايين فتحمل كروموزومات من نوع X والنصف الآخر من نوع Y، أي أن بويضة الأنثى تحتوي دائما على X + 22 كروموزوما بينما الحيوان المنوي يحتوي إما على X + 22 أو Y + 22 كروموزوما. وعند اتحاد الحيوان المنوي بالبويضة ينتج أنثى إذا كان هذا الحيوان المنوي يحتوي على X وينتج ذكرا إذا كان هذا الحيوان المنوي يحمل كروموزوما من نوع Y أي أن الجنس صفة تورث عن طريق الأب وليس عن طريق الأم.

وهناك بعض الأمراض التي ثبت أنها تنتقل بالوراثة مثل مرض السكري وبعض أنماط الضعف العقلي مثل العته العائلي المظلم الذي ينشأ عن عيب وراثي غريب في الخلايا العصبية في المخ والنخاع الشوكي، حيث تنتفخ الخلايا وتتورم وتمتلئ بالدهن مما يؤدي إلى العمى والشلل والضعف العقلي.

ويؤكد علماء الوراثة خطورة الاختلاف بين نوع دم الأم ودم الجنين من حيث العامـل الرايزيسي-
"RH" وهو أحد مكونات الدم ويتحدد وراثيا. فإذا كان العامل الرايزيسي عند كل مـن الأم والأب سـالبا أو
موجبا فلا توجد مشكلة أما إذا كان العامل الرايزيسي عند الأم سالبا وعند الجنين موجبا بوراثة هذا العامل
من أبيه فإن ذلك يؤدي إلى تكوين أجسام مضادة وإلى اضطراب في توزيع الأكسجين وعدم نضـج خلايا
الدم، تدمر كريات الدم الحمراء عند الجنين مما قد ينتج عنه تلـف المـخ والضعف العقلي وربما مـوت
الجنين والإجهاض. وإذا تم تشخيص هذا الاضطراب مبكرا وتم علاجه خلال الأسابيع الستة الأولى من حياة
الطفل عن طريق نقل الدم المخالف من حيث العامـل الرايزيسي- كاملا مـن وإلى الطفل يكون الأمـل في
الشفاء كبيرا.

ولأغراض الوقاية ينصح المقبلين على الزواج بمعرفة نوع العامل الرايزيسي عند الطرفين.

كذلك يعتقد علماء الوراثة أن الاضطرابات الوراثية تلعب دورا كبيرا في إنتاج مـرض داون وهو
نوع من الضعف العقلي يعرف باسم المنغولية، ويتميز بخصائص جسمية واضحة تشبه ملامح الجنس
المنغولي، ويصحبه بله أو عته ونسبة حدوثه حوالي حالة واحدة مـن كـل ألـف حالة ولادة وتحدث هذه
الحالة بتكرار أكبر عند الأمهات الأكبر سنا عند الحمل بـين "35-40 سـنة" والسبب المـرجح لحـدوث هذه
الحالة وجود كروموزوم جنسي زائد من نوع Y نتيجة اضطراب تكويني في البويضة إذ أن الطفل المنغولي
يكون لديه 47 كروموزوما والطفل العادي 46 كروموزوما.

الغـدد

الغدد أعضاء داخلية في الجسم وتتكون الأعضاء من أنسجة، وتتكون الأنسجة بدورها من خلايا هي الوحدات الأولى للجسم الحي ومن أمثلتها الخلايا العصبية والخلايا العضلية والخلايا العظمية، وتتلخص وظيفة الغدد في تكوين مركبات كيميائية خاصة هي الهرمونات يحتاج إليها الجسم بأعضائه الأخرى المختلفة.

وتنقسم الغدد إلى نوعين رئيسيين:

1-   غدد قنوية.

2-   غدد صماء.

فأما القنوية فهي التي تجمع موادها الأولية من الدم حين مروره بها، وتخلط هذه المواد ثم تفرزها خلال قنواتها كما تفعل الغدد الدمعية، والغدد اللعابية والغدد العرقية.

وأما الغدد الصماء فهي التي تجمع موادها الأولية من الدم مباشرة ثم تحولها إلى مواد كيميائية معقدة التركيب تسمى الهرمونات ثم تصبها مباشرة في الدم دون الاستعانة بقناة خاصة تسير فيها هذه الهرمونات.

وتسيطر الهرمونات على وظائف الأعضاء المختلفة وتتعاون معا على تحديد شكل الجسم وذلك بتأثيرها على نمو الجنين وسيطرتها على تطوره، وبتأثيرها في تنظيم عملية تغذية الطفل ومدى استفادته من هذه التغذية. هذا والاختلال في إفراز الهرمونات يؤدي إلى تغيير وتحول النمو عن مجراه الطبيعي، فيقف في بعض النواحي، أو يزيد في نواح أخرى بطريقة تعرض حياة الفرد للمرض أو للفناء. وهي تنظم أيضا النشاط الحيوي العام والنشاط الحيوي الفعلي للكائن الحي.

والذي يهمنا هنا الغدد الصماء ومالها من تأثير في النمو وهي تنتشر ـ في النصف العلوي من الجسم حسب الترتيب التالي:

1- **الغدة الصنوبرية:** لا تكاد الغدة الصنوبرية تزيد في طولها عن 1سم وفي عرضها عن ½سم وهي تضمر تماما في حجمها حين يبلغ عمر الفرد 17 سنة. هذا ويبدأ تكوينها في حوالي الشهر الخامس من حياة الجنين.

وأي اختلال في هرمونات هذه الغدة يؤدي بالطفل الصغير إلى نمو سريع لا يتناسب ومراحل حياته وسني عمره، وتؤثر زيادة إفراز هذه الهرمونات على الغدة التناسلية فتثيرها وتنشطها قبل ميعادها، وبذلك يصبح الطفل الذي لم يتجاوز الرابعة من عمره طفلا مراهقا بالغا، وتظهر عليه صفات البلوغ كخشونة الصوت وظهور الشعر في أماكن مختلفة من جسمه وتدل على المراهقة.

وتدل الدراسات العلمية على أن وظيفة هذه الهرمونات تتلخص في سيطرتها على تعطيل الغدد التناسلية حتى لا تنشط قبل المراهقة، أي أنها تعمل على المحافظة على اتزان حياة الفرد في نموها خلال مراحلها المختلفة، ولهذا فهي تضمر عند البلوغ، أي عند انتهائها من أداء مهمتها الحيوية للفرد.

2- **الغدة النخامية:** وتقع هذه الغدة في منتصف الرأس حيث تتدلى من السطح الأسفل للمخ ويتكون هرمون النمو في الفص الأمامي من الغدة ويفرز هذا الفص حوالي 12 هرمونا ويفرز الفص الخلفي ما يزيد على نوعين من الهرمونات.

ويتأثر النمو بأي نقص يصيب نسبة الهرمون في الدم وحدوث هذا النقص قبل البلوغ يسبب وقف نمو عظام الطفل فيصبح بذلك قزما ويؤثر هذا النقص أيضا في القوى العقلية والتناسلية ويضعفها. أو يؤدي إلى السمنة المفرطة وانعدام القوى التناسلية.

أما زيادة نسبة هذا الهرمون في الدم قبل البلوغ فيؤدي إلى استمرار النمو حتى يصبح الطفل عملاقا وتبدو مظاهره في نمو الجذع والأطراف نموا شاذا كما تؤدي هذه الزيادة إلى ضعف القوى العقلية والتناسلية.

3- **الغدة الدرقية:** مكان هذه الغدة في الرقبة، وتسيطر على عملية تمثيل الغذاء وتموين الطاقة. إن نقص إفراز الغدة الدرقية لهرموناتها وأهمها الثيروكسين كثيرا ما يتسبب في مرحلة ما قبل البلوغ بتوقف نمو الطفل في الطول دون أن يتوقف نموه في العرض، ويلاحظ ذلك في تشويه صورة الإنسان ويؤثر هذا التشويه تأثيرا سيئا على الحياة النفسية للفرد بالإضافة إلى أنه مصاحب بالضعف العقلي ويتأخر المشي والكلام.

وإذا جاء نقص إفرازات الغدة الدرقية في مرحلة ما بعد البلوغ فإنه يؤدي إلى اضطراب النمو وسقوط الشعر. ولو حصل العكس وكانت هناك زيادة في الإفرازات فإن النمو يتسارع بصورة غير متناسبة، وقد تجحظ العينان ويصاب الإنسان بالحساسية الانفعالية.

4- **جارات الدرقية :** تتكون من أربعة فصوص، يقع كل زوج منها إلى جوار فص من فصي الغدة الدرقية، وتقوم جارات الدرقية بضبط ومراقبة الكالسيوم في الدم، وإذا نقصت إفرازاتها هبطت نسبة الكالسيوم في الدم وشعر الفرد بصداع عام وهبوط وألم في الأطراف، ويؤدي هذا النقصان إلى شعور بالضيق وإلى البلادة والخمول، وأحيانا يؤدي إلى ثورات انفعالية حادة ومن صورها الميل إلى المقاتلة وتمزيق الملابس والصراخ الحاد المتواصل لأتفه الأسباب. أما زيادة إفرازاتها فتتسبب في تشوه العظام وتقلص العضلات والصداع وآلام الأطراف والبلادة العقلية.

5- **الغدة الكظرية:** توجد في الجسم الإنساني غدتان كظريتان، وتقع كل منهما على القطب العلوي للكلية ولهذا تسمى بالغدة فوق الكلوية. وتتكون كل غدة من قشرة خارجية ولب داخلي وتفرز القشرة هرمونات تختلف عن الهرمونات التي يفرزها اللب.

ويتأثر الفرد بأي نقص في إفرازات الهرمونات في الدم، فتظهر عليه أعراض الأنيميا، وتفتر همته بعد أي مجهود يبذله، ويفقد رغبته للطعام ويحس باضطرابات معدية مختلفة، ويتغير لون بشرته، وتضعف قوته التناسلية، ويعجز الفرد عن حل المشاكل العقلية البسيطة ويميل إلى العزلة، وينتابه هبوط عام في حيويته، بمظاهره البدنية والعقلية والانفعالية والاجتماعية.

وإذا زادت نسبة الهرمونات في الدم تأثر النمو بهذه الزيادة وخاصة النمو الجنسي، وقد وصفت حالة لطفل صغير زادت لديه إفرازات الغدة فأثرت في نمو أسنانه، ونموه الجنسي واختل بذلك توازنه العام فتأخر نموه العقلي وزادت حساسيته الانفعالية، فأصبح يثور ويغضب لأتفه الأمور، فعندما بلغ عمره سنة واحدة كانت أسنانه نامية نمو أسنان الطفل البالغ من العمر 3 سنوات، وكانت عظامه نامية نمو عظام الطفل البالغ من العمر 5 سنوات، وكان نضجه الجنسي- يناسب نضج الفرد البالغ من العمر 12 سنة، وهكذا تؤدي زيادة نسبة الهرمون في الدم إلى تغيرات مختلفة تؤثر على شخصية الفرد تأثيرا حادا عميقا.

6- **الغدة التناسلية:** هذه الغدة عند الرجل هي الخصيتان، والخصية الواحدة مؤلفة من نوعين من الخلايا: النوع الأول منها يفرز الحيوانات المنوية التي تساهم بعملية تكاثر الإنسان، أما النوع الثاني فإنه يفرز هرمونات الذكورية التي تساعد على سيطرة الملامح الذكرية عند الذكور كخشونة الصوت، شعر اللحية وعرض المنكبين.

أما الغدد التناسلية عند الأنثى فهي المبيضان، والمبيض يتكون من القشرة واللب، والقشرة تفرز البويضة التي تتحد بالحيوان المنوي الذكري لينشأ عنها الجنين، كما تساعد إفرازات قشرة المبيض على سيادة الصفات الأنثوية لدى الأنثى مثل: نعومة الصوت، بروز النهدين، وعرض الحوض.

أما لب المبيض فيؤدي دورا هاما حيث يكون لإفرازاته فعالية في تطور البويضة المخصبة خلال فترة الحمل، ويمتد دور لب المبيض حتى ما بعد الولادة لأن إفرازاته تؤثر على إدرار الحليب اللازم لغذاء المولود.

7- **الغدة التيموسية:** توجد هذه الغدة في الجزء العلوي من التجويف الصدري وتضمر هذه الغدة عند البلوغ وما زال العلم قاصرا عن معرفة سبب هذا الضمور وعن معرفة الوظيفة الحقيقية لهذه الغدة. وكل ما يعرف عنها يتلخص في أن مرضها قد يؤدي إلى تأخر ضمور الغدة الصنوبرية، وهذه بدورها تؤثر في النمو. وتدل الأبحاث الطبية على أن الضعف الذي يصيب هذه الغدة يرتبط ارتباطا وثيقا بالضعف العقلي كما يؤدي ضعفها إلى تأخر المشي حتى حوالي السنة الرابعة والنصف من عمر الطفل. كما يؤدي تضخمها إلى صعوبة التنفس وتشبه أعراض هذا المرض مرض الربو.

والحقيقة الثانية من أمرها أنها تضمر ويتناقص حجمها ووزنها مع ازدياد نضج الفرد.

أهمية الغذاء على سلوكيات الطفل
وتحصيله الأكاديمي

يعتبر الغذاء من أهم العوامل البيئية المؤثرة على النمو عند الإنسان، كما أن للغذاء أهمية نفسية، ذلك لأنه الدعامة الأولى التي تقوم عليها علاقة الطفل بأمه، إذ أن الأم هي المصدر الأول الذي يمتص منه الطفل غذاءه ثم تتطور هذه العلاقة بعد ذلك إلى علاقة نفسية اجتماعية، ويتأثر الطفل في ميوله إلى بعض ألوان الطعام أو عزوفه عن البعض الآخر وكراهيته لها بالعادات الغذائية التي تسيطر على جو أسرته، وبالمجتمع الذي يحيا فيه، وبالثقافة التي تهيمن على نشأته الأولى وعلى مراحل نموه.

ويتأثر نمو الفرد كذلك بنوع وكمية غذائه. وتتلخص وظائف الغذاء في تزويد الجسم بالطاقة التي يحتاج إليها للقيام بنشاطه سواء أكان هذا النشاط جسميا أو نفسيا، وفي إصلاح الخلايا التالفة وإعادة بنائها وفي تكوين خلايا جديدة، وفي زيادة مناعة الجسم ضد الأمراض ووقايته منها.

يعد نوع الغذاء وكمه هاما جدا وخصوصا في المراحل الأولى لتكوين الإنسان، فالتغذية الجيدة في السنوات الأولى لا تعوض، ولا أدل على ذلك من الآثار التي يخلفها سوء التغذية في المراحل المبكرة وخصوصا ما يتركه من آثار على الدماغ:-

1) إن خلايا الدماغ في مرحلة ما قبل الولادة تكون في حالة انقسام وازدياد في العدد، وسوء التغذية يتسبب في تعطيل عملية الانقسام.

2) إن خلايا نمو الدماغ خلال السنة الأولى التي تعقب الولادة تكون في حالة نمو في الحجم وازدياد في الوزن وسوء التغذية يتسبب في عطبها جزئيا وعدم نموها في الوزن والحجم.

3) إن خلايا الدماغ في السنوات القليلة التي تعقب السنة الأولى تزداد وزنا وسوء التغذية يمنع ذلك.

أن سوء التغذية إذن مهلك للدماغ في مرحلة ما قبل الولادة وبالتالي مهلك للجنين، وكثيرا ما يوافق سوء التغذية في أول شهرين من الحمل حالات الإسقاط أو تشوه الوليد.

أما إذا جاء نقص التغذية في مرحلة لاحقة من الحمل فقد يؤدي إلى خلل في المخ والجهاز العصبي وحتى الإبصار.

وسوء ونقص التغذية له آثاره الضارة على مستوى التحصيل الأكاديمي، إذ يجعل التعليم مجهدا وغير مثمر، ويؤدي بالتالي إلى التراجع والتسرب من المدرسة، بينما كفاية التغذية تؤدي إلى تحسين مستوى الأداء بصفة عامة بما في ذلك التحصيل العلمي.

ويؤدي عدم التوازن الغذائي وعدم تناسق المواد الغذائية إلى اضطراب النمو من جميع جوانبه بشكل عام، وخير للفرد أن يعتمد في غذائه على أنواع مختلفة ومتعددة .

وهكذا تظل المواد الغذائية تمتد بآثارها المختلفة حتى تهيمن على حيوية الجسم، فتنشئ بنفسها بذلك شبكة غذائية متعادلة القوى متزنة الأثر، ويبقى الغذاء الذي يأكله الإنسان هو أصل المادة التي تعمل على تكوين الجسم ونموه، والمصدر الأساسي للطاقة والسلوك جسميا وعقليا ونفسيا، وبغير الغذاء لا يمكن أن تستمر الحياة فترة طويلة من الزمن.

تأثير مرحلة الرضاعة على

شخصية الطفل.

تمتد مرحلة الرضاعة منذ الـولادة وحتى السـنتين مـن عمر الطفل الوليـد، وقد أطلق عليهـا سيجموند فرويد المرحلة الفمية لأن تفاعل الطفل مع بيئته في هذه المرحلة يتمركز حول فمه، إذ يلاحـظ أن الطفل يكتشف الأشياء حوله بواسطة الفم، وأن ما يتعلمـه الرضيع مـن الرضاعة هـو بعض العـادات والاتجاهات وخصائص الشخصية الأساسية فمثلا إذا تعرض الرضيع للإحبـاط نتيجـة لقلة الطعام أو عـدم حصوله على الوضع المريح أثناء الرضاعة فقط يطور رغبة قوية في مص الأصابع في البدايـة وأحيانـا تـدخين السجائر في السنوات اللاحقة من الحياة.

وتعتبر الرضاعة مصدر أمن للطفل وثقة بالعالم الخارجي، فعن طريقها يـزود بالغـذاء الجسـمي المتكامل الذي يتمثل بلبن الأم ويطلق عليها (العملية الفزيولوجية)، كما يزود بالغذاء النفسي الـذي يتمثـل بالحب والعطف والحنان ويطلق عليه (العمليـة السـيكولوجية) التي تمـده بـالتكيف السـوي مـع البيئـة الجديدة نتيجة تفاعله مع أمه حين تلامس شفتاه حلمة ثديها ويطلق عليها (العملية الاجتماعية).

إن لبن ثدي الأم هو غذاء جسمي، والحب هو أشهى غـذاء نفسيـ وتلاحظ اسـتجابات الرضيع للرضاعة من تعبيرات وجهه أثناءها، فحين يرضع الطفل ثدي أمه لا يملا معدته فقط ولكنـه يبـدو سـعيدا مسرورا وهادئا مطمئنا، أما إذا تأخر عنه الثدي أو نزع من فمه نجده يضطرب ويصيح في ثورة واحتجاج.

وكما هو معروف فالفم وعملية المـص مصـدر لـذة كـبرى للرضيع فهـي مصـدر الغـذاء المشبع ومصدر إحساس بوجود الأم والشعور بحنانها والإحساس بالأمن، ولذلك يؤكد علـماء الـنفس أن الرضاعة ليست مجرد إشباع حاجة فيزيولوجية وإنما هي موقف نفسي واجتماعي يشمل الرضيع والأم معا.

وكلما كان اتجاه الأم نحو عملية الرضاعة إيجابيا مليئا بالدفء والحنان، وكانت في حالة استرخاء تام وهدوء نفسي عميق حين تحتضنه ينعكس هذا إيجابيا على الرضيع، ويبشر بشخصية اجتماعية هادئة ومحببة من الجميع.

ويرى علماء النفس أن سحب الأم ثديها من فم الرضيع خشية أن يعضه أو لتأدية عمل ما كالرد على الهاتف أو فتح الباب يمهد لنوع من اضطراب في العلاقة الاجتماعية مع أمه ومع أفراد مجتمعه في مراحل نموه اللاحقة.

إن خبرة الرضاعة السارة تعتبر شرطا ضروريا لهدوء الرضيع انفعاليا ولنمو اتجاهات نفسية واجتماعية لديه. كما إن خبرة الرضاعة السليمة تزيد من ثقة الطفل بالعالم وتجعله متفائلا في المستقبل وقادرا على العطاء. أما إذا كانت خبرة الرضاعة مشوبة بالتوتر والعصبية والحرمان فإن ذلك يولد لديه الغضب والعدوانية والشخصية المعقدة المنطوية التي ليس باستطاعتها التفاعل مع الآخرين والاندماج في بيئته ومجتمعه.

وهناك حالات يمنع فيها لبن الأم عن الرضيع كإصابة الأم بمرض يتضاعف خطره بالإرضاع ويضر بالرضيع مثل السل الرئوي والنزلة الشعبية والحميات وأمرا ض الكبد والدفتيريا والتهاب السحايا وحمى النفاس وغيرها من الأمراض الجلدية والاضطرابات النفسية والعصبية.

الفطام

يستمر إرضاع الطفل على الأقل لمدة عام، إلا أن بعض الأمهات يطلن مدة الرضاعة حتى تستغرق عامين، وتدل الدراسات على أن الثقافات تختلف فيما بينها في توقيت وميعاد ونظام وطريقة الفطام.

وأريد أن أشير هنا إلى أن فترة الرضاعة الطويلة تعتبر أمرا ضارا، إذ أن هذا يبقي الطفل معتمدا على أمه بدرجة زائدة مما يؤثر تأثيرا سيئا على نموه الانفعالي.

يجب أن تفهم الأم فوائد الرضاعة للطفل، فالطفل يشتق من عملية الرضاعة والمص لذة كبرى ترتبط بالحب والشعور بالأمن وهو ملتصق بصدر أمه الحنون، وحجب الثدي والفطام يرتبط في ذهن الطفل بسحب اللذة ويشعره بالحرمان، وإذا كان لبن الأم وفيرا فإن من الحكمة أن ترضعه أمه أطول مدة ممكنة مع إعطائه زجاجة إضافية من الحليب في اليوم حتى يتعود شربها خشية أن تضطر الأم إلى فطامه من ثديها بسبب حمل جديد، أو مرض أو ما شابه ذلك.

ويتم الفطام بسهولة ويسر إذا جاء الوقت المناسب وإذا كان الرضيع متمتعا بصحة جيدة، وشهية حسنة، وعلاقته بأمه طيبة، أما إذا كان بطيء النمو ضعيف الشهية أو مريضا أو مضربا انفعاليا فإن الفطام يكون صعبا نسبيا.

ويحتاج الفطام من جانب الأم إلى بطء وهدوء وصبر ولطف وفهم، ومهما كان عمر الرضيع فإن الفطام يجب أن يكون تدريجيا حتى لا يحدث أي مضاعفات انفعالية. ويمكن أن يتم ذلك بأن يستبعد كل أسبوع رضعه من الثدي أو الزجاجة. ويقدم الحليب في كوب بدلا من ذلك، وهذا التدرج يساعد على تقبل الرضيع للطريقة الجديدة في التغذية دون ضيق أو غضب.

وإذا رفض الرضيع الفطام بقوة رغم هذا، فإنه يكون غير مستعد بعد للفطام ويجب التأجيل بعض الوقت، إلا أنه يجب ألا تمضي الأم مع رغبة الرضيع في الثدي فتؤخر موعد الفطام عن المعتاد، لأن ذلك معناه تثبيت للعادات الطفلية وإعاقة لسير النمو الطبيعي.

أما إذا حدث الفطام فجأة وبعنف أو صاحبه صدمة عاطفية مثل دهان الثدي بمادة مرة، فإن الخبرة ستكون مؤلمة ، وقد تؤثر تأثيرا ضارا على نمو شخصية الطفل فيما بعد، وقد يصاحب ذلك الكراهية وعملية العض والرغبة في العدوان.

يجب أن تضع الأم في الحسبان أن الفطام قد يصاحبه اضطراب انفعالي لدى الطفل ناجم عن الانتقال في عادات التغذية إلى عادات جديدة من السائل إلى الجامد ومن حضن الأم إلى الأكل منفردا.

إن موقف الأم من الفطام يجب أن يتسم بالهدوء والاتزان الانفعالي، والصبر وعدم القلق إزاء ما قد يصاحبه من صعوبات. وأخيرا فإن الفطام الانفعالي المصاحب للفطام الغذائي هام أيضا من ناحية تقليل اعتماد الطفل على أمه واتجاهه نحو الاستقلال والاعتماد على النفس.

أهمية الطفولة المبكرة
في شخصية الطفل.

تمتاز الطفولة المبكرة بخطورتها على نمو الأطفال في حاضرهم ومستقبلهم، وهـذا الأمـر يتطلب الاهتمام بتوعية الآباء وتثقيفهم تربويا، ووضع برامج لمرحلة ما قبل المدرسة، تضمن نمو شخصية الطفل وتكاملها بحيث يصبح عضوا صالحا في مجتمعه.

والطفولة هي الأساس بالنسبة لحياة الطفل، ففيها يتم بناء شخصيته مـن الناحيـة الجسمية والوظيفية، وهي التي تضع حجر الأساس لسلوكه المرتقب الذي يساعده على التكامل السوي في مراحل نموه اللاحقة.

لقد أظهرت أبحاث ودراسات كثيرة ساهم فيها العديد مـن العلماء محاولات مختلفة وبينت نتائجها العلمية الأهمية القصوى لمرحلة الطفولة باعتبارها من أهم مراحل الحياة وأكثرها خطورة، لأنها مرحلة تكوينية تتحدد فيها سمات شخصية الفرد وسلوكه.

وقد أكد فرويد على الأثر الكبير الذي تتركه مرحلة الطفولة المبكرة على تشكيل شخصية الفرد، أو تمهيد الطريق للإصابة بالأمراض النفسية والعقلية بعد ذلك.

أما واطسون فقد أوضح أنه بإمكاننا أن نبني شخصية الطفل ونقويها أو نهدمها قبل سـن الخامسة.

ويرجع علماء النفس جميع المشكلات الحياتية بالنسبة للفرد إلى مراحل الطفولة المبكرة وهي سنوات ما قبل المدرسة، وذلك أن سلوكه يتحدد في هذه الفترة حسب مـا تمليه عليه البيئة الاجتماعية، وطريقة التنشئة الاجتماعية والتي تبـدأ منـذ الـولادة وتكسب الطفل سلوكا ومعايير واتجاهـات وأدوارا اجتماعية تمكنه من مسايرة

جماعته والتوافق معها، كما تيسر له عملية الاندماج في الحياة، فهي التي تـزود الطفـل باللغـة كوسيلة للاتصال وطريقة للتعبير عن النفس وعن الأشياء من حوله. كما أن الطفل في هذه المرحلة يكتسب ثقافة المجتمع الذي يعيش فيه، حيث تعمل هذه الثقافة على بناء شخصيته.

إن القول بأن الطفولة المبكرة هي الأساس، معنى ذلك أن السـلوك الـذي يتقمصـه يعمـل عـلى تحديد مسار حياته، ورغم ذلك فهو قابل للنمو والتعديل والتغيير تحت ظروف التعلم بأنماطـه المختلفـة ووسائل التقييم والعلاج.

إذا كان نمو الطفل الانفعالي والاجتماعي والعقلي سليما في مرحلة الطفولة المبكرة، فإن ذلك سوف يمتد ويتركز في شخصية الطفل السوية المنتظرة.

مما تقدم نرى أن أهمية مرحلة الطفولة المبكرة ترجع إلى كون تشكيل الطفل فيها سهل وسريع، فإن ساءت تربيته في هذه المرحلة فإننا سنقف على طريق الاختلال وعدم التوازن في شخصيته، مـما يؤدي إلى تعرضه للأمراض العصبية، وفي ذلك تحذير للآباء من أن يمارسوا تخويف وهدم شخصية الطفل في هذه المرحلة، وعليهم مده بالأمان والثقة كي ينمو نموا سويا سليما. ويقول جون ديوي بهذا الصـدد: "إذا أردنـا تهذيب المجتمع فلنهذب الطفل، ويكون هذا التهذيب في طفولته المبكرة".

ما تمتاز به مرحلة الطفولة المبكرة.

تعتبر هذه المرحلة هامة جدا في حياة الطفل إذ أنها مرحلة الصفوف الثلاث الأولى من حياة الطفل في المدرسة الأساسية، وهي فترة انتقال: إما من المنزل مباشرة أو من رياض الأطفال إلى مرحلة تمتاز بما يلي:

1- اتساع المعرفة العقلية وتعلم المهارات الأساسية الثلاث: القراءة والكتابة والحساب.

2- ازدياد النشاط الحركي وتعلم المهارات الجسمية والتمرينات الرياضية.

3- اتجاه واضح نحو الذات .

4- اتساع البيئة الاجتماعية بالخروج الفعلي إلى المدرسة والمجتمع والانضمام لجماعات جديدة من الأطفال.

5- توحد الطفل مع جنسه (الولد مع الولد، والبنت مع البنت).

6- زيادة الاستقلال عن الوالدين وذلك بسبب إحساس الطفل بذاته.

ومن أجل هذا وجب على الآباء والمربين مراعاة الأمور التالية في هذه المرحلة:

تزويد الطفل بقدر مناسب من المعلومات عن المدرسة وزيارتها قبل التحاقه بها كأحد تلامذتها، ذلك أن المدرسة تعتبر بديلا للمنزل، كما تعتبر المعلمة بديلا للأم (وغالبا ما تكون مدرسة الصفوف الثلاث الأولى أنثى)، ومن الجدير ذكره أن المدرسة تلعب دورا خطيرا في تشكيل شخصية الطفل في هذه المرحلة من النمو.

تكليف الطفل بعمل الواجبات المدرسية، والمهم في هذا المجال استعداد الطفل وإمكانياته العقلية واتجاهات الوالدين والمربين نحو العملية التربوية، وأن يكون الهدف من الواجبات المدرسية تعزيزا وإثراء لما يحصله الطفل في المدرسة، والتأكيد على التعاون المستمر بين المدرسة والمنزل.

ومن الضروري أن تكون طريقة الوالدين في مساعدة الطفل في عمل الواجب المنزلي مماثلة قدر الإمكان لطريقة المعلمة ،حتى لا يتشتت الطفل بين أساليب التدريس المختلفة. وإذا كان الواجب المنزلي فوق مستوى إمكانيات الطفل فعلى الوالدين أو أحدهما أن يجتمع بالمعلمة نفسها وليس بالمدير أو المديرة لمناقشة الأمر.

تنمية الابتكار عند الطفل من خلال اللعب والرسم والأعمال اليدوية.

يجب التخفيف من الاعتماد على التذكر الآلي وترديد كلمات جوفاء لا تساعد على تكوين مفاهيم ضرورية لمثل سنه.

تشجيع الطفل على الكلام والتحدث والتعبير الحر الطليق، وتعويده الاستماع الجيد لرواية قصة أو القراءة من كتابه المقرر، وإعداده للكتابة وعدم إجبار الطفل الأيسر على الكتابة باليد اليمنى. وعلى المعلم أن يعتمد على حواس الطفل في التدريس باستعمال الوسائل السمعية والبصرية والحسية المناسبة.

ومن المستحسن جدا العمل على توسيع نطاق إدراك الطفل عن طريق الرحلات وزيارة المتاحف والمعارض والحدائق .

وفي هذه المرحلة يمكن معالجة مخاوف الطفل عن طريق ربط الشيء المخيف بأشياء متعددة سارة وتدريجيا تحل الخبرات السارة محل تلك غير السارة.

ومن الضروري أن يتعاون المنزل والمدرسة تعاونا فعالا وأن يكون اجتماع الآباء والمدرسين دوريا وكلما دعت إليه الحاجة، وذلك لمناقشة حاجات الطفل ومدى تقدمه الدراسي، وما يعترضه من مشكلات سلوكية أو أكاديمية سواء في البيت أو في المدرسة، ويجب الحذر من مقارنة الطفل بإخوته أو رفاقه حتى لا يتولد لديه شعور بالنقص، ويجب الانتباه إلى أن الاضطرابات السلوكية هي أعراض لحاجات الطفل غير المشبعة ولذا يجب إشباعها.

هذا ويجب أن يتعاون الآباء والمربون على تعويد الطفل احترامهم دون رهبة أو خوف وإشـعاره دوما بالطمأنينة، وإجابة أسئلته وتزويده بكل المعلومات والحقائق الضرورية لمـن هـم في مثـل سـنه، مـع مراعاة عدم الاعتماد كليا على التعاون الجماعي في مجالات النشاط لأن ذلك يعيق تعلمـه منفـردا. والمهـم أيضا في هذه المرحلة أن يتحمل الطفل مسؤولية نظافته الشخصية، والمحافظة على أدواته المدرسية وكتبـه، وتعويده مبادئ النظام واحترام الغير.

التأثيرات البيئية على سلوك الطفل

بعد الولادة

يخضع تطور الطفل بعد الولادة لتأثير مجموعة المثيرات المتوفرة في البيئة المحيطة به، ويهدف هذا التأثير عادة إلى تنشيط الطفل على نحو متكامل يتفق مع المعايير والأطر الثقافية لمجتمعه وأمته. ولما كانت عملية التنشئة الاجتماعية عملية ديناميكية مستمرة، فإنه تؤدي إلى تغيير سلوك الطفل وقيمه كلما تقدم في السن، ومن الطبيعي أن يتأثر هذا التغيير بالعديد من العوامل البيئية التي أتناول أهمها وهي:

1- **الوالدان:** يشكل الوالدان عادة نموذجين سلوكيين واضحين يعمل الطفل على ملاحظتهما ومحاولة تقليدهما، وقد دلت نتائج الدراسات التي تناولت التعلم الاجتماعي على أثر الملاحظة والتقليد في اكتساب أنماط سلوكية جديدة وكف أنماط سلوكية مكتسبة. وعلى الرغم من أن الوالدين ليسا المصدر الوحيد لتزويد الطفل النامي بالنماذج السلوكية، إلا أنهما شخصيتان هامتان جدا في حياته بسبب دورهما في تنشئته وتربيته، ويتجسد أثر الوالدين في سلوك طفلهما على نحو واضح من خلال عملية التقمص التي يخضع لها الطفل في حوالي السنة الخامسة من عمره.

ولا يقتصر تأثير تطور سلوك الطفل على تقمص سلوك والديه أو تقليدهما فحسب، بل يتأثر أيضا بالأساليب والاتجاهات التربوية التي يتبناها الوالدان في تنشئة أطفالهما. ويتخذ سلوك الأبوين حيال عملية التنشئة الاجتماعية اتجاهات متعددة ومتباينة كالاتجاه الثوابي، والعقابي، والحماية الزائدة، والإهمال واتجاه التقبل والنبذ، واتجاه التسلط.

والديمقراطية. فالسلوك العدواني مثلا يرتبط بالعقاب والتسلط والنبذ، بينما يرتبط السلوك الابتكاري والاستقلالية في التفكير والعمل، بالديمقراطية والتقبل والمديح والتسامح.

2- **الإخوة:** يشكل الإخوة مصدرا آخر هاما من المصادر البيئية التي تؤثر في سلوك الطفل النامي وشخصيته أو ربما يعود هذا التأثير إلى طبيعة الطفل وترتيبه بين إخوته، حيث يلجأ الوالدان إلى ممارسة طرق تربوية تختلف باختلاف عمر الطفل وجنسه، وما يتمتع به من خصائص جسدية وشخصية وعقلية تؤثر بشكل أو بآخر في نموه وتطور سلوكه. وقد دلت بعض الدراسات على وجود ارتباط بعض الأنماط السلوكية بالطفل الأول كالنزعة الزائدة إلى تقمص شخصية الراشدين وتبني قيمهم، في حين يكون أطفال الولادات التالية أكثر نزوعا إلى تقمص نماذج سلوكية غير راشدية كالأخوة والأقران.

3- **الأقران:** يرى العديد من علماء النفس أن تأثير الأقران يبلغ حدة الأقصى ـ في السنوات الخمس الأولى من عمر الطفل، في حين تنشأ علاقات أخرى في السنوات التالية، إضافة إلى العلاقات الأخوية مع أفراد مجموعة الأقران المشابهين للطفل من حيث العمر والجنس، وربما يعود ذلك إلى رغبة الطفل في اكتساب رضا أقرانه، الأمر الذي يدفعه إلى تبني معايير مجموعة الأقران حتى ولو تعارضت مع معايير الآباء والمربين للأسباب التالية:

أ. تشجيع مجموعة الأقران سلوك التمرد ضد مطالب التنشئة الاجتماعية التي يفرضها ويؤكدها الراشدون كالآباء والمربين.

ب. تشكل مجموعة الأقران مصدرا هاما يزود الطفل بنوع من التغذية الراجعة يمكنه من اكتشاف إمكاناته وقدراته وكفاءته وذلك من خلال مقارنة نفسه بنظرائه من حيث الجنس والعمر.

ج.   يتعلم الطفل ممارسة أدوار اجتماعية بين أقرانه لا تتوفر له من خـلال أداء دوره الأسري، فقد يلعب دور القيادة، أو دور المشـاركة أو دور التنفيـذ، وهـي أدوار تشـبع الكثير مـن حاجاته النفسية.

4- **المجتمع**: يشكل الوالدان والأخوة والأقران جزءا من المجتمع الأكبر الـذي يولـد الطفـل فيـه ويتطـور، بحيث لا تقتصر عملية تنشئته الاجتماعية عـلى آثار هـذه العوامـل فقـط، بـل لا بـد مـن تأثرهـا بالمعتقدات والقيم والأنماط السلوكية السائدة في ذلك المجتمع التي تشكل في مجموعها نموذجا ثقافيا معينا يشكل شخصية أفراده. أن عملية التنشئة الاجتماعية تعتمد أساسا على رغبة الطفل في الحصول على حب الآخرين وتقديرهم واعترافهم وتقبلهم، والرغبة في تجنب المشاعر الأليمـة التي تـنجم عـن العقاب والنبذ والحرمان، وتهديدات الآخرين والرغبة في التطابق مع بعض الأفراد الهامين كالأب والأم والمربي الذين ينشأ الطفل على احترامهم وحبهم والإعجاب بهم وتقليد سلوكهم.

وينجح الثواب والعقاب الاجتماعيان غالبا في اكتساب أو قمع استجابات سلوكية ظاهرة محـددة، إلا أنهما لا ينجحان في اكتساب أو قمع المعايير والقيم والمعتقدات.

ما يجب على الآباء والمربين مراعاته

في مرحلة الطفولة المبكرة.

تسمى هذه المرحلة مرحلة ما قبل المدرسة وتمتد من نهاية مرحلة الرضاعة حتى دخول المدرسة، ويفضل البعض اسم مرحلة الطفولة المبكرة على اسم مرحلة ما قبل المدرسة، إذ تستقبل الحضانة ورياض الأطفال فيما بين سن الثالثة والسادسة تقريبا. ويكون نمو الشخصية في هذه المرحلة سريعا ولذلك فهناك الكثير على الطفل أن يتعلمه.

وتتميز هذه المرحلة بمميزات عامة منها استمرار النمو بسرعة والاتزان الفسيولوجي والتحكم في عملية الإخراج، وزيادة الميل إلى الحركة ومحاولة التعرف على البيئة المحيطة بالطفل. وتمتاز أيضا بالنمو السريع في اللغة وتكوين المفاهيم الاجتماعية، والتفرقة بين الصواب والخطأ، والخير والشر، وتكوين الضمير وبداية نمو الذات. ولأهمية هذه المرحلة وجب على الآباء والمربين مراعاة ما يلي:

1- العناية بصحة الطفل الجسمية والنفسية والاهتمام بتحصينه ضد الأمراض والاهتمام بتغذيته لتقابل متطلبات النمو السريع .

2- الاهتمام بالأسنان ونظافتها وعدم خلع الأسنان اللبنية قبل الأوان.

3- مساعدة الطفل على تكوين عادات نوم صحية والعمل على أن يكون الطفل سعيدا قبل ذهابه للنوم.

4- تعليم الطفل متى يأكل وكيف يأكل وماذا يأكل. وتقديم ألوان مناسبة متنوعة ومتكاملة من الغذاء تحتوي على البروتينات والمعادن والفيتامينات اللازمة لسلامة نموه السريع.

5- تشجيع الطفل في دار الحضانة على الرسم في لوحات كبيرة بغرض تعويده على مسك القلم واستخدامه، واستعمال الورق والمقص الصغير

واستخدام طين الصلصال وغير ذلك من المهارات التي تنمي العضلات الصغيرة.

6- عدم إجبار الطفل على الكتابة مبكرا قبل أن يكون مستعدا لذلك.

7- عدم القلق بخصوص استعمال الطفل يده اليسرى، وخطورة إجبار الطفل الأعسر على الكتابة باليد اليمنى لما قد يصاحب ذلك من اضطراب حركي وعصبي.

8- رعاية النمو الحسي وذلك عن طريق الاتصال المباشر بالعالم الخارجي كما في الزيارات والرحلات

9- تعويد أذني الطفل في الحضانة سماع الموسيقى والأناشيد والكلام المنغم والغناء.

10- ملاحظة وجود أي عطل أو عاهة حسية وعلاجها طبيا واتخاذ الإجراءات اللازمة تربويا بما يتناسب مع حالة الطفل.

11- الاهتمام بالإجابة عن تساؤلات الطفل بما يتناسب مع عمره العقلي وتعليمه كيف ومتى يسأل وتدريبه على صياغة الأسئلة الجيدة.

12- مساعدة الطفل في عبور الهوة بين عالمه الخيالي والعالم الخارجي والواقعي بسلام.

13- تنمية الابتكار عند الطفل في هذه السن المبكرة من خلال استخدام اللعب.

14- تشجيع الطفل يؤثر في نفسه تأثيرا طيبا ويحثه على بذل قصارى جهده.

15- عدم دفع الطفل دفعا لتعلم القراءة والكتابة قبل أن يكون قد تم استعداده لذلك.

16- إن التدريب على الكلام يساعد في النمو اللغوي وتبرز هنا أهمية القصص المحكية.

17- أهمية توفير الشعور بالأمن والثقة والانتماء والسعادة عند الطفل وإشباع حاجاته.

18- حماية الطفل من الأصوات والمشاهد المخيفة.

19- الحذر من العقاب وخصوصا البدني لأن العقاب لا يؤدي إلا إلى كف السلوك غير المرغوب فيه أو يؤدي إلى الخنوع أو الثورة.

20- عدم الاعتماد الكامل على الخادمات أو المربيات، وإذا كان لا بد من ذلك فيجب العناية والدقة في اختيارهن من حيث الشخصية وطريقة المعاملة والخبرة.

21- عدم جعل الطفل موضع تسلية أو معاكسة أو تهكم أو سخرية.

22- توزيع الحب والعطف والرعاية بين الأطفال في الأسرة حتى لا تتولد الغيرة بينهم.

23- توفير الجو الاجتماعي المحبب وإشباع حاجة الطفل إلى الرعاية والتقبل والحب والحنان والفهم والمدح من قبل الوالدين والأقران بما ييسر النمو السوي للشخصية.

24- توجيه الطفل ليدرك معنى المجتمع وتقوية الميل الاجتماعي، وتعليمه المعايير الاجتماعية السليمة، وآداب السلوك، ومعنى التعاون والمشاركة، واحترام الآخرين والكبار، وتنمية الثقة بالنفس وتشجيعه على تحمل المسؤولية بالتدريج.

25- أن يكون الثواب والحوافز وسيلة لتحقيق الهدف لا غاية في حد ذاتها.

ويكفي أن يكون سلوك الطفل صائبا وسليما وعاديا وبعيدا عن الشذوذ والانحراف.

طفلك في طفولته المبكرة (2-5)متى وكيف ولماذا..يفرح ويغضب ويصرخ ويحتج

تعتبر هذه المرحلة من المراحل الحرجة والمهمة في مراحل نمو الطفل، إذ تتكون فكرة الـذات نتيجة للتفاعل مع البيئة، وتمتص قيم وعادات الآخرين، وتسعى إلى التوافق والثبات، وتنمو مـن جـراء النضج والتعلم ويعتبر مفهوم الذات حجر الزاوية في شخصية الطفل.

وتتميز هذه المرحلة بمميزات عامة منها استمرار النمو بسرعة، والاتزان الفيزيولـوجي، والـتحكم في عملية الإخراج، وزيادة ميل الطفل إلى الحركة والشقاوة ومحاولته التعرف على البيئة المحيطة بـه، كـما تمتاز بالنمو السريع في اللغة واكتساب الطفل لمهارات جديدة، والتوحـد مـع نمـاذج الوالدين، وتكوين المفاهيم الاجتماعية، والتفرقة بين الصواب والخطأ، والخير والشر، وتكوين الضمير، وازديـاد وضـوح الفـروق الفردية في الشخصية بين طفل وآخر وتصبح واضحة المعالم في نهاية هذه المرحلة.

ومن أبرز مظاهر النمو في هذه المرحلة النمو الجسمي والانفعالي والاجتماعي واللغوي والعقـلي والحركي والحسي، وسأتحدث بالتفصيل عن مظاهر النمو التالية:

النمو الانفعالي:

تتعقد انفعالات الأطفال في هذه المرحلة بسبب تزايد نشـاطهم العقـلي والاجتماعـي والحركي، وتظهر لديه انفعالات الفرح والغضب، والخوف والغيرة والخجل والزهو، وتتميز هـذه الانفعالات بالحـدة والشدة، فالطفل يغضب ويعاند بشدة، ويحب ويكره بشدة، ويغار بشدة، وتتميز بالتنوع من انفعـال إلى آخر، من الانشراح إلى الانقباض، ومن البكاء إلى الضحك.

وتظهر الانفعالات المركزة حول الذات مثل الخجل والإحساس بالذنب ومشاعر الثقة بالنفس، والشعور بالنقص، ويزداد الخوف ويقل نتيجة الشعور بالأمن. ويخاف الطفل بالتدريج من الحيوانات والظلام والأشباح والموت. ومن أهم مخاوف الأطفال الانفصال عن الوالدين، ويتعلم الطفل الخوف من الكبار الذين حوله، فهو يقلد أمه وأباه وأخوته في خوفهم من الظلام والعفاريت والبرق والرعد.

وتظهر نوبات الغضب المصحوب بالاحتجاج اللفظي والسباب، والأخذ بالثأر ويصاحبها العناد والمقاومة والعدوان، وخصوصا عند حرمان الطفل من إشباع حاجاته. وتتأجج نار الغيرة عند الطفل حين ميلاد طفل جديد، حيث يشعر بتهديد مكانته من هذا الوافد الذي استحوذ على حجر أمه وصدرها وقلبها الذي لم يكن يتسع في السابق إلا له. وإذا لم يفلح في استعادة اهتمام والديه وأخطأ الوالدان في التمادي في توجيه كل الاهتمام للمولود الجديد سلك الطفل سلوكا طفوليا مثل مص الإبهام أو الارتداد إلى الكلام الطفولي أو التبول أو التبرز مقلدا أخاه الصغير أو لينتقم من والديه.

النمو الاجتماعي:

تتسع علاقات الطفل الاجتماعية خارج نطاق الأسرة نتيجة تزايد نموه العقلي والحركي والانفعالي، ويبدأ في التفاعل الإيجابي مع الصغار ويلعب معهم بعد أن كان يلعب بمفرده في بداية المرحلة، ويزداد وعيه بالبيئة الاجتماعية وتنمو الألفة بينه وبين الصغار نتيجة اهتمامه بهم في بداية العام الثالث من عمره، ويتعلم المعايير الاجتماعية ويبدأ بالتمسك ببعض القيم الأخلاقية والمعايير الاجتماعية، ويحاول جذب اهتمام الكبار عن طريق تقديم المساعدة لوالديه في أداء مهامهم، ويحرص على المكانة الاجتماعية، ومن جراء ذلك الحرص يشوب سلوكه بعض العدوان والشجار إذا حاول أحد التعدي على ممتلكاته من لعب وأدوات، ويكون في

شكل صراخ وبكاء، ودفع وضرب وركل ورفس، ويثور لأتفه الأسباب، وسرعان ما ينتهي كـل شيء ويعود الطفل إلى اللعب وكأن شيئا لم يكن.

يتميز النمو الاجتماعي للطفل بالميل نحو المنافسة التي تظهر في سـن الثالثـة وتبلـغ ذروتهـا في سن الخامسة، ويظهر عناد الطفل بشكل ثورة على نظام الأسرة وعلى سلطة الكبار وعصيان أوامرهم.

يميل الطفل نحو الاستقلال في بعض أموره مثل تناول الطعام وارتداء ملابسه وحفظ أدواته دون أن يسمح للآخرين التدخل في شؤونه.

النمو العقلي:

يطلق الكثير من الباحثين وعلماء النفس التطوري على هذه المرحلة مرحلة الأسئلة لكثرة تسـاؤل الطفل عما حوله ولذلك نسمع منه دائما لماذا؟ متى؟ كيف؟ أين؟ لأنه يريد الاستزادة والتوضيح عـن كـل الأشياء التي تثير اهتمامه، وقد دلت الدراسات أن 10%-15% من حديث الطفـل في هـذه المرحلـة يكون عبارة عن أسئلة.

ويطرد نمو الذكاء في هذه المرحلة وتزداد قدرة الطفل على الفهم لكثير من المعلومات البسـيطة، وتقوى رغبته في الاستطلاع واكتشاف حقائق الأشياء والبحث عنها، ويتطور التعلم لديه من خبرة المحاولـة والخطأ.

ويكون تفكيره عمليا حسيا وليس مجردا، وقوة التخيل عنده قوية جدا ونلاحظ ذلك وهو يتكلم مع دميته كأنها رفيقة له، ويركب عصا كأنها حصان ويكون محور لعبه المنـزل والأسرة والطبيب والمـريض والشرطة واللصوص، وتكون قوة التـذكر كذلك قوية في الحوادث السـارة إذ يتـذكرها بسـهولة، وتجـذب انتباهه بصورة أدق، أما الحوادث المؤلمة فتقل قدرته على تذكرها أو الانتباه إليها.

النمو اللغوي:

تزداد قدرة الطفل على استخدام الجمل نتيجة تزايد قدرته على معرفة الكلمات ودلالاتها والعلاقات بين الأشياء وفهمها بوضوح وربطها مع بعضها البعض باستخدام الضمائر والصفات والظروف، ويكون جملا ذات معنى، وتختفي الكلمات والتعابير الطفولية، وتعتبر هذه المرحلة أسرع مراحل النمو اللغوي تحصيلا وتعبيرا وفهما.

ويزداد فهمه لكلام الآخرين سواء أكان قصة أو نصيحة أو توجيه، كما أن الطفل يستطيع الإفصاح والتعبير عن حاجاته وخبراته ويتبادل الحديث مع الكبار، كما أن باستطاعته وصف الصور وصفا بسيطا.

وهو يعرف معنى الزمان مثل الصباح والظهر والمساء، ويعرف الصيف والشتاء، وتزداد صفة التجريد عنده مثل الكلب حيوان، والحليب طعام، ويظهر التعميم القائم على التوسط مثل الحلوى لكل أنواع الحلوى، ويتضح معنى الحسن والرديء مثل السلوك الحسن والسلوك الرديء.

يتأثر نمو الطفل اللغوي بوسائل الإعلام مثل الفيديو والتلفزيون ويكون للاضطرابات الانفعالية والاجتماعية تأثير سيئ في النمو اللغوي، بينما يساعد جو الحب والحنان على النمو اللغوي السوي.

ويؤثر الكبار بلهجتهم وطريقة نطقهم في النمو اللغوي للطفل، ويؤثر اهتمام الكبار في قراءة القصص للطفل وسيادة الجو الثقافي في الأسرة على النمو اللغوي السليم، كذلك تؤثر علاقة الطفل بأمه في نموه اللغوي، فإذا كانت سوية كان النمو سويا وإذا كانت مضطربة أدت إلى نمو مضطرب، كما تؤثر صحة الطفل الجسمية مثل سلامة جهاز النطق وكفاءة الحواس مثل السمع على نمو الطفل اللغوي إيجابا أو سلبا.

مشاكل النمو في الطفولة المبكرة

المشكلة في النمو هي عدم القدرة على التوافق بين إمكانات الفرد من ناحية، وبين مطالب النمو وتوقعات البيئة المادية والاجتماعية من ناحية أخرى، ولمشكلات النمو مخاطر شديدة على الفرد والمجتمع، فهي بالنسبة للفرد مظهرا من مظاهر سوء تكيفه مع نفسه ومؤشرا على سوء صحته النفسية. كما أنها تعيق تكيف الفرد مع المجتمع، إضافة إلى أنها مظهر من مظاهر سوء الرعاية الاجتماعية للفرد والأسرة مما يجعلها عبئا كبيرا على الآباء والمربين ومصدر قلق بسبب الخوف من تحول مشكلات النمو إلى إعاقات جسمية أو تربوية تجعل الأفراد أشخاصا جانحين يهددون سلامة المجتمع.

والصحة النفسية من أهم ما يجب أن يعنى به الوالدان والمربون الذين يهمهم الأمر. وهي حالة دائمة نسبيا يكون فيها الفرد متوافقا شخصيا وانفعاليا واجتماعيا مع نفسه وبيئته. ويكون قادرا على تحقيق ذاته واستغلال قدراته وإمكانياته إلى أقصى حد ممكن كما يكون قادرا على مواجهة مطالب الحياة، وتكون شخصيته متكاملة سوية وسلوكه عاديا .

والصحة النفسية حالة إيجابية تتضمن التمتع بصحة العقل والجسم وليست مجرد غياب أو خلو الفرد من أعراض المرض النفسي.

إن مشكلات النمو ليست مقصورة على مرحلة نمو معينة، وإنما تشمل مراحل النمو المختلفة، والذي يهمنا هنا أن نعرض بعض مشكلات النمو في مرحلة الطفولة المبكرة:-

أولا: التبول اللاإرادي:

مفهومه هو عدم قدرة الطفل العادي على التحكم في عملية التبول في حين كـان ينتظـر منـه أن يكون قد تعود ضبط جهازه البولي، وسن ضبط الجهاز البولي تقع بالتقريب في الثانيـة مـن العمـر. وإذا استمر الطفل يتبول وهو نائم إلى ما بعد سن الثالثة فمعنى ذلك أنه يعاني من مشكلة بحاجـة إلى دراسـة وحل.

وهناك حالات من التبول العارضي (أي غير المتكرر) قـد تحـدث للأطفـال في سـن متقدمـة أمـا بسبب إصابتهم بالبرد العادي أو لكثرة تناولهم للسوائل قبل النوم بوقت قصير أو لسبب انفعالي كـالخوف، إلا أن مثل هذا الحالات لا تمثل مشكلة ولا يخشى منها حيث تزول بزوال الأسباب.

مظاهر التبول اللاإرادي:

يصاحب التبول أثناء النوم مظاهر عدة منها:

1. اتساخ الفراش وتعرضه للتلف وتلوث هواء الغرفة.

2. أعراض ومظاهر نفسية تكون ناتجة إما عن الشعور بالنقص عند الطفل أو عن فقدانـه للشـعور بالأمن ومن أمثلتها الفشل الدراسي، الشعور بالذلة والخجل، الميل إلى الانزواء والتهتهة، والنوبات العصبية، كما ينتج عنـه أعـراض تعويضية كالعنـاد والتخريـب والميـل إلى الانتقـام وكثرة النقـد وسرعة الغضب.

3. النوم المضطرب والأحلام المزعجة وتدهور الحالة العصبية.

عوامل التبول اللاإرادي:

هناك نوعان أساسيان من العوامل المؤدية إلى التبول اللاإرادي هما:

أ. <u>العوامل الجسمية (الصحية):</u>

مثل فقر الدم أو التهاب المستقيم (الأمعاء الغليظة) أو التهاب مجرى البول، أو وجود حصوة في إحدى الكليتين أو المثانة أو الحالب أو نتيجة للأمراض كالسكري أو الإمساك وسوء الهضم.

ب. <u>العوامل النفسية:</u>

1. الخوف: وهو من أهمها سواء كان عاملا مستقلا بذاته كالخوف من الظلام أو من الحيوان الكاسر، أو من التهديد، أو كان نتيجة لسماع قصة مزعجة، وقد يكون الخوف مشتركا مع انفعال آخر كالغيرة.

2. الغيرة الشديدة والتي تظهر على الطفل عندما تلد الأم مولودا جديدا فيهمل الوالدان الطفل السابق ويتحول اهتمامهما إلى الطفل الجديد، مما يجعل الطفل الأول يحاول جذب انتباه والديه وعطفهما نحوه عن طريق التبول.

3. التعبير غير المباشر عن غضب مكبوت لا شعوري تجاه الوالدين وكوسيلة للانتقام منهما والتنفيس عن هذا الغضب.

4. العلاقات العائلية المضطربة التي تهدد أمن الطفل، فيلجأ إلى التبول كنوع من الاحتجاج والتعبير عن مخاوفه من فقد أحد الوالدين أو انفصالهما عن بعض.

5. إهمال الوالدين تدريب الطفل على عادة ضبط التبول، وهو في السنة الأولى من عمره بسبب ما لقيه من أحد الوالدين أو كليهما من عقاب أو ذل من جراء عملية التبول على يد من كانوا يعملون على إنهاء عادة التبول عندهم، ويترتب على ذلك إعطاء حنان زائد من قبل الوالدين نحو طفلهما لأنهما يحسان بنفس المشكلة، فيختلقان لأنفسهما الأعذار والمبررات لإهمال تدريب الطفل على ضبط التبول.

ويرى بعض الباحثين أن التبول اللاإرادي يمكن النظر إليه في عدد غير قليل من الحالات كتعبير لا شعوري من النوع الذي يسمى بالنكوص (الرغبة اللاشعورية بالرجوع إلى حالة الطفولة التي يتمتع فيها الطفل برعاية الأم).

علاج التبول اللاإرادي:

1- **العلاج العضوي:**

ويكون بالتأكد من سلامة الجسم من كل ما يحتمل أن يكون عاملا فاعلا أو عاملا مساعدا في عملية التبول، ولهذا يجب فحص الجسم للتأكد من سلامته بتحليل البول والبراز والدم.

2- **العلاج النفسي:**

ويكون بعلاج الأسباب النفسية التي كانت سببا، أي بتحسين حالة البيئة التي يعيش فيها الطفل ليصبح أكثر اطمئنانا ويتم ذلك عن طريق معالجة ما يقع بين الوالدين من خلاف وتحسين طريقة معاملة الوالدين للطفل ومعالجة ما قد يكون لدى الطفل من غيرة أو فشل دراسي ونحو ذلك.

ويمكن أن يستخدم الوالدان أسلوب الإيحاء بالجلوس بجوار الطفل المصاب بالتبول عند ذهابه إلى فراشه في المساء، وجعله يكرر قبل النوم مباشرة جملا إيجابية بعدم التبول مثل سيكون سريري نظيفا في الصباح، أنا لا أبول على فراشي.

وينصح الآباء بعدم لوم الطفل أو ضربه أو فضيحته أمام إخوانه أو الناس إذا تبول، كما ينصح الآباء بتقديم حوافز للطفل حتى يشجع على عدم التبول أثناء النوم، أو يكافأ ولو بمكافأة رمزية.

الوقاية من التبول اللاإرادي:

يمكن للأم أن تقي طفلها من هذه الظاهرة باتباعها الأسلوب الوقائي التالي:

1- تقديم العشاء والماء للطفل قبل النوم بوقت طويل، ويمنع من تناول السوائل بعد ذلك.

2- إيقاظ الطفل في منتصف الليل للذهاب إلى الحمام، ويفضل كذلك أن يتبول قبل ذهابه إلى النوم مباشرة، ويكرر ذلك مرة أخرى في منتصف الليل.

3- عدم وضع التوابل والمواد الحريقة في الطعام، لأن ذلك يجعل الطفل يشرب الكثير من السوائل وخاصة الماء.

4- تشجيع الطفل على النوم أثناء النهار حتى لا يكون نومه عميقا بالليل، مما يجعله يشعر بالحاجة إلى التبول أثناء نومه.

التبول أثناء اليقظة:

وهو حالة قليلة الوقوع، تحدث في المواقف التي يكون فيها ذهن الطفل منشغلا باللعب أو المشاجرة أو المنافسة. ويظل الطفل يؤجل عملية إفراغ المثانة إلى الحد الذي لا يقوى معه على ضبط نفسه، ويكون الوقت غير كاف للذهاب إلى المكان المناسب لعملية التفريغ، كما تحدث عند تلاميذ رياض الأطفال أو الصفوف الابتدائية الأولى حينما لا يقدرون بعد دورات المياه عن صفوفهم ويتحرجون من طلب الخروج لقضاء حاجاتهم. كما يرجع التبول أثناء اليقظة إلى الغيرة أو الخوف أو عدم شعور الطفل بالأمن.

علاج الحالة:

يمكن معالجتها بتوفير جو من الأمن والطمأنينة في حياة الطفل حتى تزول أسباب القلق التي تسبب الحالة.

كما يمكن معالجتها بتعويد الطفل على قضاء حاجته في الوقت المناسب، وعدم تعويده على التسويف والتأجيل إذا ما شعر بالحاجة إلى التبول. ودور المربين في المرحلة الأولى كبير في إشعار التلاميذ بعدم الحرج من طلبهم قضاء حاجتهم.

ثانيا: صعوبات النطق:

يعد الكلام من أهم وسائل اتصال الفرد بالآخرين، فإن طريق الكلام يعبر الطفل عن نفسه وعن حاجته التي يريد إشباعها. ولذلك فإن أي عطل في جهاز النطق يعوق الفرد عن قيامه بواجبه في الحياة كما يعوق نموه الفردي والاجتماعي، وعملية النطق ليست عملية بسيطة، وإنما تحتاج إلى تدريب طويل يبدأ بولادة الطفل عندما يعبر عن حاجاته الأولية بالصراخ والبكاء والمناغاة والضحك، وهكذا يستمر الطفل في تجربة الكلام حتى ينجح في إخراج الأصوات المفهومة وفي ممارسة النطق السليم. غير أن بعض العوامل العضوية والنفسية تحول دون التقدم الكلامي للأطفال، وتسبب اختلالا في التوافق الحركي بين أعضاء النطق، وعندها يسمى هذا الاختلال بصعوبة الكلام.

مفهومه:

عيب النطق أو عيب الكلام هو اختلال في التوافق الحركي بين أعضاء النطق ناتج عن بعض العوامل العضوية والنفسية في جسم الإنسان، والعيب الكلامي أو صعوبة النطق ليس مقصورا على الأطفال، وإنما يتعرض له الكبار أيضا، ويكون ناتجا عن أسباب مرضية كالشلل أو جلطة الدماغ أو حوادث السيارات.

مظاهر صعوبة النطق:

1- العيوب الإبدالية الجزئية (اللثغ): وهو استبدال حرف الراء بحرف الغين أو حرف السين بحرف الثاء عند النطق بها.

2- العيوب الإبدالية الكلية: وهو استبدال كلمة بكلمة أخرى بدلا منها.

3- عسر الكلام: وهو السكوت فترة من الزمن عند بدء الكلام رغم ظهور محاولات للنطق ثم يتبع ذلك الانفجار السريع في الكلام.

4- اللجلجة في الكلام (الفأفأة، أو الوأوأة أو التلعثم) وهو تكرار حرف واحد عدة مرات دون مبرر لذلك.

5- الخمخمة في الكلام: وهو إخراج الكلام من الأنف حين النطق به.

6- السرعة الزائدة في الكلام: وهو النطق في الكلام بسرعة زائدة عن الزمن الطبيعي الذي ينطق به الأسوياء مصحوبا باضطراب في التنفس وإدغام وخلط وحذف للحروف.

ويلاحظ على الأفراد الذين يعانون من صعوبات في النطق أو الكلام أعراض جسمية وأعراض نفسية.

أ- الأعراض الجسمية الحركية: مثل تحريك الكتفين أو اليدين، أو الضغط بالقدمين على الأرض وارتعاش رموش العينين والجفون، وإخراج اللسان أو الميل بالرأس في جميع الجهات.

ب- الأعراض النفسية: مثل القلق، عدم الثقة بالنفس، الخجل، الإنطواء، عدم المشاركة، الانسحاب من المواقف، سوء التوافق في الدراسة والعمل.

عوامل صعوبات النطق:

1- عوامل جسمية: مثل الضعف الجسمي العام، ضعف التحكم بالأعصاب في أجهزة النطق، تشوه الأسنان، تضخم اللوزتين أو الزوائد الأنفية، انشقاق الشفة العليا.

2- عوامل نفسية: وتعتبر هذه العوامل من أهم عوامل صعوبات النطق.

أ. شعور الطفل بالقلق أو الخوف أو المعاناة من صراع لا شعوري ناتج عن التربية الخاطئة أو سوء البيئة المحيطة به.

ب. فقدان الطفل الثقة أو الشعور بالأمن بسبب صراع الوالدين المستمر، مما قد يجعله يتوقع فقد الحماية العاطفية والمادية المتمثلة في الوالدين.

ج. استخدام الطفل عيوب النطق كحيلة نفسية لا شعورية لجذب انتباه والديه اللذين أهملاه، أو لطلب مساعدتهما أو استمرار عطفهما وحبهما له.

د. الصدمات الانفعالية الشديدة: مثل فقد شخص عزيز على الطفل يتعلق به تعلقا شديدا، أو بسبب تورط والده في فضيحة أو جريمة كالسرقة أو الرشوة، مما يسبب له السخرية من زملائه. أو بسبب خوفه أو التهديد المستمر له بالعقاب الشديد.

3- عوامل عصبية: مثل تلف أجزاء خاصة في منطقة الكلام بسبب الولادة العسرة أو الإصابة بمرض يؤدي إلى اضطراب النطق، ويرى كثير من العلماء أن الإصابة الجسمية عصبية كانت أم غير عصبية هي من العوامل المهددة أو المساعدة في إضعاف قدرة الفرد على تحمل الأزمات النفسية التي تؤدي إلى الإصابة باضطراب النطق.

4- عوامل أخرى مثل:

أ. إصرار الآباء على تعليم أطفالهم الكلام قبل السن المناسب، مما يجعل الأطفال ينطقون خطأ ويتعودون على ذلك.

ب. تقليد الطفل لشخص كبير أو طفل آخر مصاب بمرض النطق فتثبت عنده هذه العلة.

ج. قلة ذكاء الطفل وعدم قدرته على تعلم النطق الصحيح والتدريب غير المناسب على النطق السليم.

آثار عيوب النطق وخطورتها.

أ. تعرض الطفل لنقد وسخرية الأطفال الآخرين منه.

ب. تؤدي هذه الحالة إلى شعور الطفل بالنقص والخجل واحتقار الذات.

ج. تؤدي أيضا إلى السلوك العصابي كرد فعل انتقامي لسخرية الآخرين منه.

د. تؤدي إلى حرمان الطفل من بعض الفرص المهنية المرغوبة، والتي تعتبر اللغة عاملا هاما فيها، مما يؤدي إلى تأزم حالته النفسية.

ه. تؤدي إلى حرمان المصاب من فرص الزواج بسبب نفور الجنس الآخر منه.

علاج عيوب النطق:

يفترض أن يكون علاج هذه المشكلة علاجا نفسيا وتقويميا وجسيما واجتماعيا في آن واحد، مع التركيز على العلاج النفسي لأن العوامل النفسية تأتي في طليعة العوامل المؤدية إلى ظهور هذه المشكلة.

العلاج النفسي:

تهدف وسائل العلاج النفسي أساسا إلى إزالة أسباب التردد والخوف وإحلال الثقة والجرأة والأمن والشعور بالاستقرار مكانها في نفس الطفل ومن وسائل العلاج النفسي:

أ- طريقة اللعب: وتهدف إلى كشف أسباب الاضطراب عند الأطفال وتفهم دوافعه كما تهدف إلى وضع الأطفال في جو حر يشجعهم على الانطلاق والكشف عن رغباتهم دون خوف أو تصنع. كما أنها تتيح للأطفال فرص التعويض والتنفيس عن مشاعرهم المكبوتة من مخاوف أو غضب أو شعور بالنقص في جو من العطف والفهم من قبل المعالج النفسي.

ب- طريقة الإيحاء والاقتناع: وتعتبر من أهـم وسـائل معالجـة اللجلجـة، وتهـدف إلى استئصـال إحساس المصاب بالقصور والشعور بـالنقص ومـن خـلال هـذه الطريقـة يسـتطيع المعـالج النفسي بناء الثقة في نفس مريضه.

العلاج التقويمي:

ويهدف إلى تدريب الطفل ومساعدته على النطق السليم للحروف أو الكلمات بواسطة تمرينـات خاصة تستخدم فيها آلات توضع تحت اللسان أو في الفم أثناء الكلام.

العلاج الجسمي والعصبي:

ويهدف إلى علاج العيوب الجسمية التي تسبب عيبا في النطـق كالشـفاه المشـقوقة أو تشـوه الأسنان، أو خلل الأحبال الصوتية أو علاج أعصاب النطق بمركز الكلام في المخ أو ترقيع وسد فجوة الحلق.

العلاج الاجتماعي:

ويقوم به الأخصائي الاجتماعي ويهدف إلى معالجة المصاب من ناحيتين:

أ- علاج شخص المريض ويسمى بالعلاج الشخصي، ويهدف إلى تغيير اتجاهات المصاب الخاطئة التي لها علاقة بالمشكلة كاتجاهه نحو والديه أو أصدقائه أو مدرسيه.

ب- علاج البيئة المحيطة بالطفل ويسمى بالعلاج البيئي، ويهدف إلى تغيير البيئة التي تـؤثر عـلى مشكلة المصاب، ويتم ذلك من خلال معاملته معاملة أفضل من ذي قبل، إذا كان يعاني مـن سوء المعاملة سواء أكانت من جانب الوالدين أو المدرسين أو الزملاء، أو بتلبية مطالبه المادية لتخليصه من الشعور بالحرمان المادي أو بمطالبة الوالدين بتجنب الشجار أمامـه، حتـى لا يتهدد شعوره بالأمن.

عملية الإبداع والطفولة المبكرة.

مما لا شك فيه أن للدراسة العلمية للإبداع في مراحل العمر المبكرة أهميتها القصوى سواء من المنظور الاجتماعي أو على مستوى الطفل الفرد. فنحن نستطيع أن نزيد بشكل جوهري نسبة الراشدين المبدعين إذا أمكننا الكشف عن الأطفال ذوي القدرات الإبداعية المرتفعة في مرحلة ما قبل المدرسة أي في الطفولة المبكرة "2-5 سنوات"، وتمثل القدرات الإبداعية جانبا هاما من المهارات التكيفية للطفل، وإهمالها في هذه المرحلة العمرية لا يمكن تعويضه في مراحل عمرية تالية، وذلك لأن مرحلة الطفولة المبكرة وسنوات الدراسة الأولى تمثل أكثر المراحل العمرية تأثيرا في ارتقاء القدرات الإبداعية.

ولا يتمثل الضرر في مجرد افتقار الطفل للقدرات الإبداعية إذا لم تكتشف وتنمى في هذه المرحلة العمرية المبكرة، بل تكمن الخطورة في أن إهمال الكشف عنها يؤدي إلى أن تأخذ الشكل المضاد وتتحول نتيجة للإحباط المتكون لدى الطفل إلى سلوك غير اجتماعي، يكشف عن نفسه في ظهور العديد من الاضطرابات السلوكية كالعدوانية والسلبية، والإذعان، وتجاهل الطفل للنصح والإرشاد، والتصرف بشكل فظ والعزلة والإنسحاب الاجتماعي، كما أن إهمال هذه الإمكانات الإبداعية قد يعطل عملية النمو كلها، لذا يجب البدء مبكرا قدر الإمكان في الكشف عن هذه القدرات الإبداعية والشكل الذي تنتظم من خلاله، والعمل على تنميتها وإثرائها باستغلال تمتع أطفال هذه المرحلة العمرية بقدر كاف من الحساسية لاتجاهات وسلوكيات الراشدين نحوهم، والقابلية العالية لديهم للتغيير بناء على ما يقدم للأطفال من تدعيم وتعزيز وتشجيع.

ولكن ما هو الإبداع؟ وهل هناك قدرات خاصة لا بد من توافرها في الطفل لكي يكون مبدعا؟

الإبداع هو قدرة الفرد على التوصل إلى أفكار جديدة وملائمة للأشياء والموضوعات، وكذلك قدرته على إعادة ربط أفكار مألوفة وشائعة بحيث يخرج منها شيء جديد وغير مألوف وفي نفس الوقت مقبول وملائم. وهناك أربع قدرات أساسية للإبداع أولها: الطلاقة الفكرية، وهي قدرة الفرد على إنتاج أكثر عدد ممكن من الأفكار الجيدة والملائمة تجاه موضوع معين أو فكرة معينة. وثانيها: المرونة التلقائية، وهي قدرة الفرد على تنويع هذه الأفكار لكي تغطي أو تشمل مجالات عقلية مختلفة، أي هي عكس ما يسمى بجمود التفكير أو انحصاره في منطقة عقلية واحدة. وثالثها: الأصالة، وهي قدرة الفرد على إعطاء أفكار جديدة لم يسبق للآخرين عرض مثلها، وتكون في نفس الوقت قابلة للتطبيق ومنطقية. وأخيرا الحساسية للمشكلة وهي قدرة الفرد على رؤية مشكلات في المواقف والأشياء التي لا يمكن للآخرين الإحساس بأنها مشكلة.

وهذه القدرات توجد لدى كل إنسان بدرجات متفاوتة ولكنها توجد بدرجة عالية عند الفرد المبدع.

النمو الأخلاقي في الطفولة

الطفل في طفولته المبكرة لا يكون قد نما لديه الضمير ولا نظام للقيم ولذلك لا يمكن الحكم عليه في ضوء مقياس للسلوك الأخلاقي، ولا يصح أن نقول أن سلوكه أخلاقي أو غير أخلاقي، لأنه سوف يتعلم معايير السلوك الأخلاقي من والديه ومربيه ورفاقه فيما بعد عندما يسمح نموه بذلك.

وكذلك النمو العقلي للطفل لم يصل بعد إلى درجة تسمح له بتعلم المبادئ الأخلاقية المجردة فيما يتعلق بالصواب والخطأ، ولكنه يستطيع بالتدريج أن يتعلم ذلك في مواقف الحياة اليومية العملية، إن ذاكرة الطفل لا تساعده بعد على الاحتفاظ بتعليمات ومبادئ السلوك الأخلاقي من موقف إلى آخر لأنها ما زالت محدودة.

وقد يخطئ الوالدان والمربون أثناء تعليم الطفل الاتجاهات الأخلاقية والسلوك الأخلاقي، فقد يجبرونه على سلوك اليوم ويتسامحون بالنسبة لنفس السلوك في يوم آخر وهو لا يفهم لماذا هذا.

وقد يأتي الوالدان أو المربون بسلوكيات يبيحونها لهم ويحرمونها على الطفل، وهو أيضا لا يفهم سببا لذلك، إنهم يطالبونه دائما بإطاعة تعليماتهم دون أن يوضحوا ذلك له .

والطفل في هذه المرحلة لا يعرف لماذا هذا السلوك صح ولماذا ذلك السلوك خطأ، إنه فقط يتعلم أن هذا السلوك صح وذاك خطأ.

ويلاحظ لدى الأطفال في هذه المرحلة بعض أنماط السلوك التي لا تساير السلوك الأخلاقي المطلوب، ومعظمها نتيجة لرغبة الطفل في لفت أنظار الآخرين وجهله بمعايير السلوك الأخلاقي، ومن أمثلة ذلك عدم الطاعة والشقاوة الزائدة والكذب ونوبات الغضب والبكاء والتخريب.

وفي الطفولة المتوسطة يحل المفهوم العام لما هو صواب وما هو خطأ، وما هو حلال وما هو حرام محل القواعد المحددة، ويزداد إدراك قواعد السلوك الاجتماعي القائم على الاحترام المتبادل، وتزداد القدرة على فهم ما وراء القواعد والمعايير السلوكية حسب وجهة نظر إيجابية.

وفي الطفولة المتأخرة تتحدد الاتجاهات الأخلاقية للطفل عادة في ضوء الاتجاهات الأخلاقية السائدة في أسرته ومدرسته وبيئته الاجتماعية، وهو يكتسبها ويتعلمها من الكبار، ويتعلم ما هو حلال، وما هو حرام، وما هو صح وما هو خطأ، وما هو مرغوب وما هو ممنوع، ومع النمو يقرب السلوك الأخلاقي للطفل من السلوك الأخلاقي للراشدين الذين يعيش بينهم.

وفي هذه المرحلة نلاحظ أن الطفل يدرك مفاهيم الأمانة والصدق والعدالة ويمارسها كمفاهيم تختلف عبر التطبيق الأعمى للقواعد والمعايير، وفي نهاية مرحلة الطفولة يكون الطفل قد حقق توازنا بين أنانيته وبين السلوك الأخلاقي وتكون درجة تسامحه مع الآخرين قد زادت، وكذلك ينمو الضمير والرقابة الذاتية على السلوك.

ويلاحظ أن لبعض الأطفال أنماطا سلوكية لا أخلاقية مثل الشجار مع الأخوة والزملاء، والألفاظ النابية والكذب والسرقة والغش والتخريب وعدم الإصغاء أثناء الدرس.

ولذلك يجب على الآباء والمربين أن يكونوا قدوة حسنة لأطفالهم، لأننا فقدنا اليوم الثمار الأسرية والمحبة والوئام بين أفراد الأسرة الواحدة بسبب فقدان القدوة.

النمو الديني في الطفولة:

الدين شعور ينشأ بالتدريج مع نمو الطفل وقبل سن الرابعة، ولا يزيد هذا الشعور عادة عن عدد محدود من الألفاظ يرددها الطفل دون إدراك لمعناها مثل الله- الملائكة -الأنبياء- الجنة والنار وهكذا، وما يهمنا هو الانفعالات والعواطف التي تتبلور بالتدريج حول موضوع الدين مثل حب الله والتقرب منه، ويهمنا أيضا اكتساب الطفل للمعايير الدينية كالحرام والحلال خلال عملية التنشئة الاجتماعية.

يسأل الطفل في نموه عن كل شيء ويسأل عن المفاهيم الدينية مثل من هو الله؟ ما شكله؟ أين هو؟ لماذا لا نراه؟ ومن هم الملائكة؟ ومن هم الأنبياء؟ وما هو الدين؟ ولماذا نصلي؟ وما هو الفرق بين الأديان؟.

يريد الطفل إجابة تتناسب وسنه ومستوى فهمه وتشبع حاجاته إلى الاستطلاع والمعرفة، وسرعان ما يعرف الطفل الإجابات، ويعرف أن هذه الأمور الدينية تحيطها هالة من التقديس. يتطور الحال بأفكار الطفل فيحيط بأمور مثل الحياة والموت والبعث والثواب والعقاب والخلود.

يلعب التلقين دورا هاما في تكوين أفكار الطفل الدينية، ويتشرب هذه الأفكار ويتمثلها وتصبح أفكاره الشخصية هامة، يدافع عنها ويغار عليها. يحدد سلوكه الوالدان والمربون، ويتحملون مسئولية كاملة عن هذا النمو عند الأطفال.

السمات العامة للنمو الديني في الطفولة:

أجريت دراسات وأبحاث حول هذا الموضوع على عدد من الأطفال واستخلصت النتائج التالية:-

1. الواقعية: حيث يضفي الطفل على موضوعات الدين وجودا حقيقيا واقعيا ومحسوسا، فالملاك في تصوره رجل أو امرأة جميلة بأجنحة

وملابس بيضاء، والشيطان مارد أسود ينبعث من عينيه شرر ويعلو رأسه قرنان وربما له ذيل ولرجليه حافران .

2. الشكلية: الدين في هذه المرحلة شكلي لفظي حركي، ويكون أداء الطقوس تقليدا ومسايرة لمن حوله.

3. النفعية: إذ يكون أداء الفروض وسيلة لتحقيق منفعة كالحصول على لعبة أو الإثابة أو تحقيق الأمن عن طريق المزيد من حب الوالدين.

4. الاجتماعية: إذ يتأثر الطفل بالبيئة الاجتماعية التي يتربى فيها، فإذا كانت بيئة متدنية نشأ اجتماعيا على ما تربى عليه وتطبع بذلك، ويصبح الدين وسيلة من وسائل التوافق الاجتماعي.

يجب على الوالدين والمربين مراعاة ما يلي:-

1. الوفاء بمسؤولياتهم الدينية والاهتمام بزرع بذور الإيمان في نفوس أولادهم حتى يشبوا مؤمنين ومستقيمين في سلوكياتهم.

2. الإجابة السليمة الواعية على تساؤلات الطفل الدينية بما يتناسب مع سنه ومرحلة نموه ومستوى إدراكه.

3. الاعتدال في التربية الدينية للأطفال وعدم تحميلهم مالا طاقة لهم به.

4. الابتعاد عن غرس التعصب الديني ضد الأديان الأخرى لدى الطفل.

5. مراعاة أن التربية الدينية لها أهميتها القصوى في الطفولة وتعتمد على القدوة الحسنة والسلوك الفاضل فمن شب على شيء شاب عليه.

نمو الذات ومفهومها

في مرحلة الطفولة

يعتبر مفهوم الذات حجر الزاوية في الشخصية. وأصبح الآن ذا أهمية بالغة ويحتل مكان القلب في التوجيه والإرشاد النفسي.

والذات هي الشعور والوعي بكينونة الفرد، وتتكون كنتيجة للتفاعل الاجتماعي، وتشتمل الذات على الذات المدركة والذات الاجتماعية والذات المثالية. وقد تمتص قيم الآخرين وتسعى إلى التوافق والثبات وتنمو نتيجة النضج والتعلم.

ويتكون مفهوم الذات من أفكار الفرد الذاتية المنسقة المحددة الأبعاد عن العناصر المختلفة لكينونته الداخلية والخارجية، وتشمل هذه العناصر المدركات والتصورات التي تحدد خصائص الذات، كما تنعكس في وصف الفرد لذاته كما يتصورها هو "الذات المدركة" والمدركات والتصورات التي تحدد الصورة التي يعتقد أن الآخرين يتصورونها، والتي يتمثلها الفرد من خلال تفاعله الاجتماعي مع الآخرين "الذات الاجتماعية"، والمدركات والتصورات التي تحدد الصورة المثالية للشخص الذي يود أن يكون "الذات المثالية".

يقول كارل روجرز صاحب نظرية الذات أنه بالرغم من أن مفهوم الذات ثابت إلى حد كبير إلا أنه يمكن تعديله وتغييره تحت ظروف العلاج النفسي للمريض، وأحسن طريقة لأحداث التغيير في السلوك تكون بأن يحدث التغيير في مفهوم الذات .

ومنذ الميلاد وحتى الشهر التاسع ليس للوليد مفهوم جاهز لذاته، بل تكون في حالة تكون وتأخذ في التحقيق التدريجي مع النمو.

عام كامل: تكون مرحلة الطفل مرحلة الكشف والاستكشاف، تنمو صورة الذات ويـزداد التفاعـل مع الأم ثم مع الآخرين مثل الكبار ثم الصغار، يستعمل الكلمات المفردة 10% منها ضـمائر، تبـدو فرديتـه الداخلية والتي ما زالت تجاهد امتزاجها بالبيئة الخارجية، ثم تبدأ عملية الأخذ والعطاء.

وعندما يصبح عمره عامين كاملين: يزداد تمييز الطفل لذاته ويكون متمركزا حول ذاته، يفرق بـين الآخرين، تنمو أنا وأنت، ملكي وملك، تتكون الذات الاجتماعية ويزداد نموها كذلك وتزداد القدرة على فهم الذات.

وفي سن ثلاث سنوات: يرسم الطفـل صـورة أشـمل للعـالم المحـيط بـه ويسـميه، ويـزداد شـعوره بفرديته، ويعرف أن له شخصيته وللآخرين شخصياتهم المختلفـة، يـزداد تمركـزه حـول ذاتـه، كـل شيء لـه وملكه ، ونسمع منه دائما أنا، ملكي.

وفي سن الرابعة: يكون علاقات عقلية واجتماعية وانفعالية مع الآخرين المهمين في حياته، نسـمع منه أسئلة الاستكشاف لماذا -كيف، من ، ماذا ، أين؟

في سن الخامسة: يتقبل الطفل فرديته، يزداد الوعي بالذات، يقل اعتماده الكامل عـلى الوالـدين، يزداد استقلاله، يتضح تفاعله الأكبر مع العالم الخارجي.

في المدرسة: يختبر الطفل تأثير الجماعة التي تعزز مفهومه عن ذاته، يلعب المدرس دورا هامـا في نمو الذات لدى الطفـل ، تنمـو الـذات الاجتماعيـة، يـزداد شـعور الطفـل بقيمتـه، يـزداد الشـعور بالحـب والعطف والحنان، يسعى الطفل لتعزيز صورته في أعين الآخرين، تزداد مقدرته على التعبـير عـن الـذات في النشاط العقـلي والنشـاط الاجتماعـي، تنمـو الـذات المثاليـة ويتبنـى مطـامح وأهـداف الوالـدين والمـربين والأبطال والنوابغ في المجتمع، وهكذا نجد في مرحلة الطفولة المتأخرة (8-11سـنة) يتسـع الإطـار المرجعـي الذي يتحدد في ضوئه مفهوم الذات الموجب وتقبـل الـذات والتوافـق النفسيـ أو مفهـوم الـذات السـالب وعدم الرضى وسوء التوافق النفسي، وتلعب القوى الجسمية والقوى الاجتماعيـة دورا هامـا في نمـو الـذات، ولعملية التوحد أو التقمص

أهمية خاصة في فهم نمو الذات، ومن تحليل هذه العملية يتضح أن هناك عـدة أسباب توضح لماذا يتم اختيار الشخص الآخر كمثل أعلى، لأن الطفل يتعلم ويقلد سلوكه "المثل الأعلى" وحتى مشاعره. وعلى ذلك فإن حب الوالدين للطفل وعطفهما عليه واتجاهاتهما نحوه أثناء مراحل نموه تكون على درجة كبيرة من الأهمية في تكوين مفهوم الذات لديه.

بالإضافة إلى المراحل الأولى في الطفولة فإن أفرادا آخرين خارج نطاق الأسرة يلعبـون دورا هامـا في تكوين الذات ومفهومها مثل المربون والزملاء ورفاق اللعب والأصدقاء.

وهناك علاقة وطيدة بين مفهوم الذات والتحصيل الأكاديمي، وكلـما كان مفهوم الـذات موجبـا ساعد ذلك على النجاح في التحصيل.

1- يجب على الآباء والمربين مراعاة أهمية دورهم في نمـو الـذات وفي النمو الصحي المتزايد للتطابق بين مفهوم الذات والذات المثالية.

2- تنمية تقبل الطفل لذاته وتنمية مفهوم موجب للذات وتنمية احترام الذات والثقة بها.

3- تقدير الدور الخطير الذي يقوم به الكبار في نمو مفهوم الذات، وتقدير دور وسائل الإعلام بصفة خاصة، كما يجب على الجميع أن يهـدفوا إلى إعطاء خبرات ملائمة للنمو السـوي للذات، وهذا يؤثر ليس فقط في عملية التعلم بل أيضا على الحياة بصفة عامة.

الحاجات النفسية في الطفولة.

الحاجة افتقار إلى شيء ما، إذا وجد حقق الإشباع والرضا والارتياح للكائن الحي، والحاجة شيء ضروري إما لاستقرار الحياة نفسها" حاجة فسيولوجية" أو للحياة بأسلوب أفضل "حاجة نفسية".

وتتوقف كثير من خصائص الشخصية على حاجات الفرد ومدى إشباع هذه الحاجات، ولا شك أن فهم حاجات الطفل وطرق إشباعها يضيف إلى قدرتنا على مساعدته للوصول إلى أفضل مستوى للنمو النفسي والتوافق النفسي والصحة النفسية وفيما يلي موجز عن الحاجات النفسية الأساسية للأطفال:-

1. الحاجة إلى الحب والحنان:

وهذه الحاجة من أهم الحاجات الانفعالية التي يسعى الطفل إلى إشباعها فهو يحتاج إلى أن يشعر أنه محب ومحبوب، فهو يريد أن يشعر أنه محبوب وينتمي إلى جماعة والى بيئة اجتماعية صديقة. كما يحتاج إلى الحب والصداقة والحنان، والطفل الذي لا يشبع هذه الحاجة فإنه يعاني من الجوع العاطفي، ويشعر أنه غير مرغوب فيه ويصبح سيء التوافق مضطربا نفسيا.

2. الحاجة إلى الرعاية الوالدية والتوجيه:

إن الرعاية الوالدية والتوجيه خاصة من جانب الأم هي التي تكفل تحقيق مطالب النمو تحقيقا سليما يضمن الوصول إلى أفضل مستوى من مستويات النمو النفسي والجسمي، ويحتاج الطفل إلى إشباع هذه الحاجة إلى والدين يسرهما وجوده ويتقبلانه ويفخران به ويحيطانه بالحب والرعاية .

إن غياب الأم أو الأب بسبب الموت أو الانفصال أو ظروف العمل، وخاصة في حـال اشـتغال الأم وترك الطفل للخدم أو إيداعه في مؤسسة، يؤثر تأثيرا سيئا في نموه النفسي.

3. **الحاجة إلى إرضاء الكبار:**

يحرص الطفل السوي في كل أوجه نشاطه إلى إرضاء الكبار رغبـة منـه في الحصـول علـى الثواب مثل القبلة أو الاحتضان، وهذه الحاجة تساعده في تحسين سلوكه وفي عملية التوافق النفسيـ والاجتماعـي لأنه يحرص دوما على إرضاء الكبار وخصوصا والديه.

4. **الحاجة إلى إرضاء الأقران:**

يحرص الطفل في سلوكه على إرضاء أقرانـه بمـا يجلـب لـه السـعادة ويكسبه حـبهم وتقـديرهم وترحيبهم به كعضو في جماعتهم.

5. **الحاجة إلى الحرية والاستقلال:**

يصبو الطفل في نموه إلى الاستقلال والاعتماد على النفس، وهو يحتاج إلى تحمل بعض المسـؤولية وتسيير أموره بنفسه دون مساعدة من الآخرين مما يزيد ثقته بنفسه.

6. **الحاجة إلى تعلم المعايير السلوكية:**

يحتاج الطفل إلى المساعدة في تعلم المعايير السلوكية نحو الأشخاص والأشياء، ويحدد كل مجتمـع هذه المعايير السلوكية، وتقوم المؤسسات القائمة على عملية التنشئة الاجتماعية مثل الأسرة والمدرسة ودور العبادة ووسائل الإعلام بتعليم هذه المعايير السلوكية مما يساعده على التوافق الاجتماعي.

إن الطفل يحتاج إلى المساعدة في تعلم حقوقه ماله وما عليه، وما يفعله وما لا يفعله، مـا يصـح وهو بمفرده، وما يصح وهو في جماعة، ما يصح وهو في حدود الأسرة، وما يصح وهو خارج نطاقها.

7. **الحاجة إلى تقبل السلطة:**

تختلف أنماط السلطة في الثقافات المختلفة فبعضها تتيح فيما قبل السادسة ممارسـة أي سـلوك يختاره الطفل، يأكل ما يشاء ومتى يشاء وينام عندما يتعب، بينما البعض الآخر تلـزم الطفل منـذ سـن مبكرة بتقبل السلطة والتوجيه لأنه يحتاج إليها فسلوكه ما زال غير ناضج وخبراته فجة.

8. **الحاجة إلى التحصيل والنجاح:**

يحتاج الطفل إلى التحصيل والإنجاز وهو ما يسعى إليه دائما عن طريق الاستطلاع والاستكشـاف والبحث وراء المعرفة الجديدة حتى يتعرف على البيئة المحيطة به حتى ينجح في الإحاطة بالعالم من حوله. وهذه الحاجة أساسية في توسيع إدراك الطفل وتنمية مواهبه وشخصيته.

9. **الحاجة إلى مكانة واحترام الذات:**

يحتاج الطفل إلى أن يشعر باحترام ذاته وأنه جدير بالاحترام وأنه كفؤ يحقـق ذاتـه ويعبـر عـن نفسه في حدود قدراته وإمكانياته، وهذا يصاحبه عادة احترامه للآخرين لأنه يسعى دائما للحصـول عـلى المكانة المرموقة التي تعزز ذاته وتؤكد أهميتها.

10. **الحاجة إلى الأمن:**

يحتاج الطفل إلى الشعور بالأمن والطمأنينة بالانتماء إلى جماعـة في الأسرة والمدرسـة والرفـاق في المجتمع، فهو يحتاج إلى الرعاية في جو آمن يشعر فيـه بالحمايـة مـن كـل العوامـل الداخليـة والخارجيـة المهددة له، ويشعره بالأمن في حاضره

ومستقبله. حتى لا يشعر بتهديد خطير لكيانه مما يؤدي إلى أساليب سلوكية قد تكون انسحابية أو عدوانية.

على الوالدين والمربين إشباع هذه الحاجات النفسية الأساسية للطفل في التعليم والتشخيص والعلاج سواء أكانت الحاجات الجسمية والفسيولوجية والحاجات العقلية والمعرفية والحاجات الانفعالية والاجتماعية.

كما يجب أن تتناسب التربية مع هذه الحاجات وتعمل على إشباعها حتى ينمو الطفل نموا سليما صحيحا.

أيها الآباء اتركوا أطفالكم يلعبون

هكذا تنادي آخر النظريات التربوية التي خلص إليها بعض علماء النفس والتربية، والنظرية ليست جديدة، وإنما ترجع في أصولها التاريخية إلى أيام أفلاطون الذي كان أول من اعترف بأن للعب قيمة علمية وذلك في كتابه(القوانين). فقد أكد على ضرورة أن نعلم أولادنا الحساب عن طريق توزيع ثمار التفاح عليهم، وكان أرسطو هو الآخر يعتقد بذلك وقال بأن تشجيع الأطفال على اللعب سيكون له تأثيره الإيجابي على سلوكهم عندما يكبرون.

وقد ازدادت قناعة المتعلمين بالفكرة التي نادى بها كبار التربويين، وهي أن التربية لا بد أن تأخذ في اعتبارها ميول الطفل الطبيعية ومراحل نموه المختلفة. وفي منتصف القرن التاسع عشر بدأت نظرية اللعب تتطور تدريجيا، وذلك عندما قدم الفيلسلوف الإنجليزي هيربرت سبنسر تفسيرا للأسباب التي تدعو الأطفال للعب، وهي التي أسماها بنظرية الطاقة الزائدة، ويقول فيها إن الأطفال يلعبون للتنفيس عن مخزون الطاقة، وقد حصل سبنسر على هذه الفكرة من الكتابات الفلسفية والجمالية لفردريك فون شالر الذي نادى من قبل بأن اللعب تعبير عن الطاقة الزائدة.

وتقول الدكتورة سوزانا ميللر الأستاذة بجامعة أكسفورد في كتابها "سيكلوجية اللعب" عن ظاهرة اللعب وكيف تبدأ مع لحظة ميلاد الإنسان، وقد أظهرت الملاحظات التي تم جمعها من الدراسات الخاصة بتطور حياة الأطفال أن اللعب في الشهور الثمانية عشرة الأولى من العمر يتزايد كلما تزايدت طاقات الطفل.

فبين الشهر الرابع والسابع من عمر الطفل يستطيع في البداية تناول الأشياء ثم بعد ذلك يستطيع أن يهز هذا الشيء أو يضرب به الأرض.

وبعد ذلك يبدأ الطفل في تناول العديد من الأشياء في وقت واحد، ثم يستطيع أن يضع تلك الأشياء على الأرض بعناية، ثم تتلوها مرحلة يرمي فيها الطفل كل ما تصل إليه يده من أشياء، وعندما يبدأ في الحبو والمشي فإنه يكون سعيدا كل السعادة وهو يفعل ذلك.

ومن الأمور التي تثير اهتمام الأطفال كل ما هو جديد وكبير وبراق وأعلى صوتا وأسرع حركة وطيرانا، وكل ما هو ملون أو تصدر عنه رائحة حادة تجعل الطفل يتوقف وينصت في أول الأمر، وتتوقف قدرة الطفل على الإنصات والملاحظة على نضج الجهاز الإدراكي لديه.

يقول العلماء إن الحركة الدائمة التي يمارسها الصغار تتضح من خلال فرقعة الأصابع وهز الأيدي أو الأرجل وتغيير وضع الجسم أثناء الجلوس، ويعود ذلك إلى أن قدرة الطفل على التحكم في حركته لم تنضج بعد، وتنمية التحكم الإرادي اللازم للجلوس والقيام والمشي تسير في مراحل متتابعة ومحددة.

إن الحركة العشوائية الفطرية التي يقوم بها الطفل حينما يريد أن يلتقط لعبة، هي نفسها الحركة التي سوف تتطور فيما بعد لكي تصبح حركة إرادية مفيدة تعين الفرد على التقاط الأشياء والكتابة والحياكة، وتلازم هذه التطورات مراحل النمو التي تطرأ على الدماغ. ويميل الأطفال إلى القيام بأنشطة فجائية ليس لها هدف معين، إذ يشعرون بالميل إلى الاندفاع من مكان إلى آخر والى الصراخ بصوت عال لكي يخففوا من الضغط الداخلي الذي يشعرون به. كل هذه الأنشطة تعتبر مؤشرا ينبئ بظهور اللعب، واللعب نشاط متكرر يبدأ منذ ميلاد الطفل، وصغار الأطفال يمارسون كل مهارة جديدة كلما سنحت لهم الفرصة بطريقة تلقائية، والأطفال الرضع يمصون شفاههم حتى لو لم يكن هناك شيء يمصونه، ويحدثون أصوات المناغاة حتى ولو لم يكن هناك من ينصت لهم... وهكذا يتطور اللعب عند الأطفال باعتباره جزءا أساسيا من مراحل تطورهم ونموهم.

شخصية طفل ما قبل المدرسة.

بينما يتطور نمو الطفل في التناسق الحركي واللغوي وتتحسن سهولة المفاهيم لديه تصبح أكثر تمييزا، وإذا نظرنا إلى مجموعات أطفال سن ما قبل المدرسة يفاجأ المرء باتساع مدى السلوك الشخصي- وتعدد سماته، فهناك الطفل الخجول، المنعزل والودود، والمزعج أكثر تمييزا حتى وفي الملاحظات العرضية.

هذا التنوع المذهل في سلوكيات طفل الخمس سنوات بالمقارنة مع طفل السنتين يعود إلى الاكتساب السريع للعادات الجديدة والإدراكات الواسعة وزيادة التفاعلات الاجتماعية وذلك لإلمام الطفل الكبير بالبيئة الاجتماعية التي تحيط به وخصوصا الأسرة. وفي سن الطفولة المبكرة الحرجة هذه تتطور شخصيته وتتشكل وتترسخ سمات كبيرة ذات أهمية بارزة في حياة الطفل، وتظهر بصماتها واضحة في سنوات تطوره اللاحقة. ومن هذه السمات حب الاستطلاع الجنسي- الاتكالية، الاستقلالية، العدوان، الدافعية، القلق والضمير. وهذه السمات الشخصية اعتبرت حرجة جدا ومعقدة في فهم ديناميكية الشخصية الإنسانية، لأن كل سمة من هذه السمات قائمة بذاتها وتظهر في أشكال عديدة وفي مجالات مختلفة، وتؤثر في أنماط السلوك الكثيرة. إن معظم هذه السمات تصبح راسخة وثابتة في السنوات الأولى من حياة الطفل. وتساعدنا على التنبؤ بالسلوك اللاحق في مراحل حياته الأخرى فمثلا الطفل المضطرب اجتماعيا في سنواته الخمس الأولى يصبح فردا خجولا في سن المراهقة. وبتقدم العمر يتعلم الطفل أسماء الاتجاهات ويكون إدراكه للمسافات غير دقيق. ويعتمد طفل الثالثة في إدراكه على أشكال الأشياء أكثر مما يعتمد على ألوانها، أما طفل السادسة فإنه يعتمد على الألوان كما أن إدراكاته للعلاقات المكانية تسبق إدراكه للعلاقات الزمانية. فيدرك المكان قبل الزمان.

وتؤثر الاضطرابات الانفعالية والاجتماعية تأثيرا سيئا في النمو اللغوي السوي. بينما يساعد جو الحب والحنان على النمو اللغوي السوي. كما تؤثر علاقة

الطفل بأمه في نموه اللغوي وإذا كانت سوية أدت إلى نمـو سـوي، وإذا كانت مضطربة أدت إلى نمو مضطرب. وتؤثر الحكايات والقصص على النمو اللغوي تأثيرا كبيرا خاصة في التأكيد والتنويع في طريقـة الإلقاء كما أن إشراك الطفل في تفسير المواقف يزيده ذكاء وقدرة على التمكن من اللغة السليمة.

تظهر انفعالاته مركزة حول ذاته مثل الخجل والإحساس بالذنب ومشاعر الثقة بالنفس والشعور بالنقص. كما يزداد خوفه في هذه السن.   (سن ما قبل المدرسة)، ويقل نتيجة شعوره بالأمن والقدرة على التحكم في البيئة. ويخاف الطفل بالتدريج من الحيوانات والظلام والأشباح والفشـل والمـوت. والخوف من الانفصال عن الوالدين، والعلاقة وثيقة بين مخاوف الأمهـات ومخـاوف أطفـالهن، لأن الطفـل يتعلم الخوف مما يخافه الكبار وهو يقلد أمه وأباه وأخوته في خوفهم.

تظهر نوبات الغضب المصحوب بالاحتجاج اللفظي والأخـذ بالثـأر ويصاحبها العناد والمقاومـة والعدوان وخاصة عند حرمان الطفل من إشباع حاجاته، وتتأجج نار الغيرة عند ميلاد طفل جديد إذ يشعر الطفل بتهديد رهيب لمكانته وكأنه عزل عن عـرش تربـع عليـه دون شريك ألا وهـو حجر أمـه وصـدرها وقلبها الذي لا يتسع إلا له.

ومن هذه النظرة السريعة على شخصية طفل ما قبل المدرسة على الوالدين والمربين مراعاة مـا يلي:-

— توفير شعور الأمن والثقة والانتماء عند الطفل وإشباع حاجاته.

— حماية الطفل من الأصوات المرتفعة والمشاحنات والمشاهد المخيفة.

— خطورة الاعتماد الكامل على الخادمات والمربيات لأن الاعتماد الحقيقـي الـذي يعطـي نتـائج إيجابية متوخاة هو الاعتماد على والديه وخصوصا الأم.

— خطورة النتائج السلبية على نفسية الطفل في تجاهله أو الإعراض عنه حين ميلاد طفل جديد.

– الحرص الشديد عند إرسال الطفل لأول مرة إلى رياض الأطفال بإعطائه فكرة مسبقة عن واقعه الجديد حتى ننمي لديه استعدادا إيجابيا يساعده على تقبل الوجوه الجديدة التي تحيط به في عالمه هذا الذي سيكون صورة عن أسرته وبيته.

هناك حاجات ضرورية يجب إشباعها قبل دخول الطفل المدرسة.

إن للإنسان كلما ارتقى في سلم الحضارة وتوفرت له ظروف الحياة الملائمة كلما طالت طفولته واحتاج إلى فترة أطول في اعتماده على والديه بما يؤمن له السلامة والصحة وتقديم الطعام والشراب، ولن يكتفي بذلك فهو بحاجة لأن يتعلم ويكتسب طرقا مختلفة تتناسب مع قضاء حاجاته الأساسية وترضي دوافعه ظروف البيئة الملائمة التي سيعيش فيها.

وهناك حاجات ضرورية يتوجب إشباعها قبل دخول الطفل المدرسة وهي:

1- الحب والرعاية: إن هذه الحاجة تغذى من قبل والديه أو من يقوم مقامهما في بداية حياته أي في فترة ما قبل المدرسة، ويجب على التربية البيئية أن تكون مصدرا للحب ومنبعا للعطف. وقد أثبتت دراسات كثيرة بأن الاضطرابات الشخصية وعدم تكيف الطفل مع المدرسة يرجع إلى سبب أساسي هو افتقار الطفل إلى الحنان الأبوي والذي بدونه يفشل في أن يكون طفلا متزنا سوي العقل. وهناك الجو الملائم لنفسية الطفل وهو الجو العائلي المتسم بالعلاقات الودية بين الوالدين وبالجو الهانئ الذي تسوده روح التعاطف والتفاهم. وبالمقابل نجد أجواء عائلية مضطربة في علاقات بعض العائلات التي يسيطر عليها نزاعات مستمرة بين الأبوين أو بين الأخوة. ونجد في النمط الأول من الحياة أثرا واضحا في سلوك إيجابي للطفل وفي الثاني أثرا سلبيا أثناء عملية التحاق الطفل بالمدرسة.

2- التوجيه: إن متطلبات الحياة الحالية وصعوبة العيش دفعت بالأب لأن يقضي معظم أوقاته خارج البيت، وحاليا ترافقه زوجته للمساعدة في تأمين دخل ضروري لنوع من الحياة الكريمة، وهذه المتطلبات تضع الطفل في

موضع يفتقد فيه فرصة الرعاية والتعلم الكافي من حيث التوجيه وتنمية الخبرات.

3- ثقافة الوالدين: كلما كان الوالدان على قدر من الثقافة والوعي تتبلور وتراكم خبرات الأبناء وخاصة التربوية منها.

4- مستوى المعيشة: الوضع الاقتصادي يؤثر بشكل مباشر على الطفولة وخصوصا ما توفره البيئة من احتياجات لازمة لإتمام العملية التربوية بكل جوانبها وهذا ما يعرف بثراء البيئة أو حرمانها.

5- دلال الطفل: إن إفراط الوالدين في تدليل الأبناء أو استخدام القسوة، فالإفراط في الحالتين مفسدة والمطلوب التوازن والاعتدال في معاملة الأطفال.

6- الاستقلالية: تجعل التربية الحديثة الاستقلال هدفها في فسح مجالات الحرية الكاملة للطفل قبل التحاقه بالمدرسة الابتدائية، كيف يتكيف بشكل طبيعي يؤدي إلى بناء شخصيته وتوكيد ذاته. لذا يجب على الآباء أن يحملوا أطفالهم أنواعا من المسؤولية التي تتفق مع إمكاناتهم بدلا من أن يقوموا هم بتحملها. فالاستقلالية في تربية الأطفال تجعلهم يعيشون بطريقتهم الخاصة كي يتعرفوا بوحي من عقولهم وميولهم وقدراتهم التمييز بين جوانب الخير والشر والخطأ والصواب، وهذه بمجموعها تشكل حصيلة ضرورية ولازمة للمساعدة في تربية الطفل لتهيئته لمرحلة ما قبل المدرسة.

وهناك أثر كبير للمربية غير المؤهلة التي يترك الطفل أمانة بين يديها ولن تكون مثل الأم على مستوى من العطاء العاطفي الذي يؤمن للطفل حاجته منه بالإضافة إلى تشتيت عواطف الطفل بين أكثر من شخص تتفاوت علاقاتهم العاطفية بين الدافئة والباردة.

الطفل وفكرة الذات

لقد أكد كل من بياجيه وفرويد على أن الطفل في الشهور الأولى من الحياة لا يميز بين نفسه والأفراد الآخرين. كما تحدث فرويد عن العلاقة الرمزية التي تربط بين الأم وطفلها وكيف يتحد الاثنان كشخص واحد.

إن الخطوة الأولى للطفل الوليد في خلق فكرة الذات تتطور من بعض الأحاسيس البدائية عند انفصال الطفل عن أمه. وقد ركز لويس سنة 1981 على أن الدعامة الأساسية لهذا الإحساس بالانفصال هي التفاعلات الطارئة بين الطفل والأفراد الذين يحيطون به، حين يبكي الطفل يجد شخصا يحمله، وحين يرمي خشخيشته يجد شخصا آخر يعيدها إليه، وحين تبتسم له أمه يبتسم لها بالمقابل. وبهذه الطريقة يبدأ الطفل بإدراك الفرق الأساسي بين الذات والآخرين. وأن الشيء المهم الذي تجدر الإشارة إليه هو الاستجابات المدعمة لتطوير اللغة والمهارات المعرفية في الطفل الوليد والطفل الصغير. ومن الممكن أن يكون نفس هذا النموذج مهما في تطوير فكرة انفصال الذات.

من الصعب جدا دراسة الخطوة البدائية الأولى في تطوير فكرة الذات التي تحدث بين الشهر الثاني عشر والثامن عشر، وهذا ما صرح به كل من "دامن وهارت" سنة 1982، لأن الأطفال لا يستطيعون إجابة الأسئلة مثل من أكون؟ لذا كان على الباحثين إيجاد طرق لاكتشاف معرفة ذات الطفل، وأفضل هذه الطرق أن يحضر الباحث مرآة ويضعها أمام طفل له من العمر تسعة أشهر أو سنة كي يشاهد نفسه في المرآة ويجلس الباحث لمراقبته ماذا يفعل. وأول عمل يفعله الطفل هو رؤيته نفسه ثم محاولته التفاعل مع صورته في المرآة وكأنه طفل آخر. ثم يحضر الباحث بعد ذلك قلم تلوين أحمر ويصبغ به أنف الطفل ثم يعود ليضع المرآة أمام وجه الطفل مرة أخرى، وليتأكد من تمييز الطفل ومعرفته لذاته هي أن يلمس الطفل أنفه وليس أنف الطفل الذي في المرآة.

وكان من نتائج دراسات لويس أنه لم يلمس أحد من الأطفال في سن تسعة أشهر أو سنة أنفه، بينما أطفال "18" شهرا وسنتين استطاعوا لمس أنوفهم، وهذا دليل على نمو الأطفال في تمييز ومعرفة ذاتهم التي تطورت في سن الثمانية عشرة شهرا. كما دلت دراسات لعالمي النفس لويس وبروكس جان سنة 1979 على أن الأطفال في سن 15-18 شهرا يبتسمون ويشاهدون صورهم على أشرطة الفيديو أكثر مما يشاهدون صور أطفال آخرين، وهكذا فإن قدرة الأطفال على تمييز الذات ومعرفتها من الآخرين واضحة تماما في منتصف السنة الثانية من العمر.

وحين يبدأ الطفل الفهم على أنه منفصل ومميز عن غيره من الآخرين تبدأ لديه حاسة الأنا التي تعرف بالطريقة التي تحدد بداية الذات. أما في السنة الثالثة فيزداد شعور الطفل بفرديته وشخصيته، ويعرف أن له شخصية وللآخرين شخصياتهم المختلفة، كما يزداد تمركزه حول ذاته، وكل شيء له وملكه، ونسمع منه دائما هذا لي وملكي.

وفي الرابعة يكون علاقات عقلية واجتماعية وانفعالية مع الآخرين المهمين في حياته، ونسمع منه أسئلة الاستكشاف لماذا؟ كيف؟ ماذا؟ أين؟ وفي سن الخامسة يتقبل فرديته ويزداد وعيه بالذات، ويقل اعتماده على الوالدين، كما يزداد استقلاله ويتضح تفاعله الأكبر مع العالم الخارجي. أما في المدرسة فيلعب المدرس والزملاء ورفاق اللعب والأصدقاء دورا هاما في نمو الذات ويزداد شعور الطفل بقيمته كما يزداد شعوره بالحب والعطف والحنان ويسعى لتعزيز صورته في أعين الآخرين، وتظهر مقدرته في التعبير عن الذات في النشاط العقلي والاجتماعي، وتنمو الذات المثالية خلال عملية التوحد أو التقمص، ويختار الطفل شخصا مثلا أعلى، وبمجرد أن يتم اختيار المثل الأعلى فإن الطفل يتعلم ويقلد سلوكه ومشاعره، وعلى ذلك فإن حب الوالدين للطفل وعطفهما عليه أثناء مراحل نموه تكون على درجة كبيرة من الأهمية في تكوين مفهوم الذات لديه.

وهناك علاقة وطيدة بين مفهوم الذات والتحصيل وكلما كان مفهوم الذات إيجابيا ساعد ذلك على النجاح في التحصيل الدراسي، ويرتبط تقبل الذات لدى الطفل ارتباطا موجبا بتقبل الوالدين والمدرسين والآخرين له.

تمركز الطفل حول ذاته
والتفكير الاجتماعي

يعتبر التمركز حول الذات مؤشرا أساسيا للمستوى العقلي العام للطفل، وأنه مرحلة ارتقائية يمـر بها الطفل قبل الوصول إلى مراحل عقلية تالية تعكس درجة أعلى من الارتقاء العقلي. وهناك ثلاثة عوامـل أساسية تساعد الطفل على اجتياز هذه المرحلة وتخطيها نحـو مزيـد مـن التفكيـر الاجتماعـي الموضوعـي المنطقي، وتؤثر في الارتقاء العقلي عامة وبالتالي في تمركز الطفل حوله ذاته وهي: النضج، الخبرات البيئيـة والتفاعل الاجتماعي. ورغم التسليم بأهمية هذه العوامل جميعها فإن هناك تأكيدا على العوامل الاجتماعية والتفاعل الاجتماعي في التخفيف من حدة تمركز الطفل حول ذاتـه ودفعـه إلى إدراك الجوانـب المختلفـة للأشياء، وإدراك وجهات نظر الآخرين، وأن وجهة نظره نسبية وليست مطلقة. فـإذا كان التفكيـر المتمركـز حول الذات في جوهره تفكيرا ذاتيا محضا فإن الطفل لن يستطيع التخلص من هـذه الذاتيـة، أي اكتشـاف ذاته ثم اكتشاف الآخرين إلا من خلال هؤلاء الآخرين ومن خـلال تبـادل حقيقـي للأفكـار معهـم، ونعنـي بالتبادل الحقيقي للأفكار إدراك الطفل أن أفكاره قد تتعارض مع أفكار الآخرين، وهذا لا يحدث إلا عندما يستطيع الطفل ملاءمة أفكاره مع أفكارهم، أي تعديل الصيغة المعرفية نحو مستوى أعلى من الارتقاء، وفي هذه الحالة يبدأ التفكير المتمركز حول الذات في الانسحاب وإخلاء الساحة للضغط الاجتماعي ليمارس أثـره في تعديل تفكير الطفل نحو مزيد من الموضوعية والاجتماعية ... وهذا يعني أن التفاعلات الاجتماعية التي تخفف من حدة التمركز حول الذات هي تلك التفاعلات التي يتعرض لها الطفل ذو المستوى المناسب مـن النضج العقلي، وتؤدي إلى شعور الطفل بصدمة تنتج عن إدراكه أن أفكاره تختلـف أو تتعـارض مـع أفكار الآخرين، وبالتالي تدفعه إلى الشك والرغبة في

المراجعة والتحقق وإعادة تمثل وجهات نظر الآخرين وأفكارهم ومواءمة أفكاره مع أفكارهم.

وقد كشفت العديد من الدراسات أثر المناخ الأسري على العديد من الخصائص العقلية والمزاجية للأطفال، وأن للأسرة دورا هاما في الحد من مركزية الذات لدى أبنائها، وقد تبين على سبيل المثال أن الأطفال الذين يبدون اعتبارا للآخرين وتفهما لوجهة نظرهم عادة ما يكون والداهم وخصوصا الأم بنفس الصورة أي أمهات متمركزات أو غير متمركزات حول الذات، وأن أحد العوامل الهامة في ارتقاء الذات وتمايزها لدى الطفل هو الإقلال أو التخلص من حالة الالتصاق بالأم وضرورة الاستقلال عنها، إذ أن ذاك يساعد الطفل على تكوين معايير وقيم متعددة ومتباينة، وبالتالي تكوين إطار مرجعي يمكن أن يحوي العديد من وجهات النظر المختلفة.

إن التمركز حول الذات ظاهرة سوية لا تمثل نوعا من أنواع الشذوذ أو الخلل المرضي، ولا بد أن يمر بها أي طفل عبر ارتقائه العقلي، وأن مشاركة الآخرين في أفكارهم وقدرتنا على توصيل أفكارنا له بشكل ملائم حاجة اجتماعية قد يؤدي عدم تحقيقها إلى التأثير السلبي على توافق الطفل النفسي والاجتماعي.

إن قدرة الطفل على التعاون الحقيقي مع الآخرين لا يمكن أن تتم إلا إذا أمكنه التغلب على تمركزه حول ذاته، وقدرة الطفل على إدراك وفهم وجهات نظر الآخرين هو ما يمثل أساس التعاون الحقيقي معهم من العوامل الضرورية للتوافق النفسي والاجتماعي له.

إذا كان الطفل في مرحلة الطفولة المبكرة يعاني من عجز في إدراك وفهم وجهات نظر الآخرين في الوقت الذي يصر فيه بعض هؤلاء الآخرين خاصة الوالدين على نقل وجهة نظرهم إليه وافتراضهم ضرورة تقبله لذلك، فإن النتيجة المباشرة لذلك هو تحطيم الجسور بين الطرفين لانعدام القدرة على التفاهم وإيجاد

جو من التوتر والإحباط، الأمر الذي يؤدي إلى حالة من عدم التوافق خاصة أنه قد تبين أن صراعات الطفل النفسية ونزعاته العدوانية تزداد كلما اضطربت علاقاته مع الآخرين. وإذا كان تمركز طفل ما قبل المدرسة حول ذاته يعوق اكتسابه وتنظيمه للمعلومات عن العالم من حوله فإن ذلك قد يؤدي إلى العديد من أوجه السلوك التي تتسم بأنها غير اجتماعية، والتي تولد في النهاية حالة من الاضطراب النفسي والاجتماعي للطفل.

حواس الطفل نوافذ يطل بها على العالم

الإدراك الحسي هو وسيلة الطفل الأولى للاتصال بنفسه وبيئته وللتفاعل معها وفهم عناصرها ومظاهرها، وهو الأداة الهامة لبناء حياته العقلية. ويهدف الإدراك الحسي ويسهم في إقامة الدعائم الأولى للمعرفة، وتكوين المقدرات العقلية مثل التفكير والتخيل والانتباه والاستيعاب عند الفرد عن طريق التفاعل والتعلم الذي يستمر طوال حياته من المهد إلى اللحد، كما يهدف إلى تيسير علمية النماء والتكيف بين الفرد وعناصر البيئة.

إن نمو إدراك الطفل لعناصر البيئة وعالمه الخارجي مرهون بنمو وتطور حواسه الخمسة. وهذه الحواس تسبق إحداها الأخرى في النمو فمثلا حاسة اللمس أسبق في نموها من حاسة الأبصار، لذلك كان اللمس لدى الطفل هو السبيل الأول إلى إدراك الأشياء وتعرفها. وتكون الأم في مراحل الطفولة المبكرة هي عالم الطفل ومنذ اللحظة الأولى التي تلامس بها شفتاه ثديها أثناء الرضاعة يكون هذا بداية اتصاله بالعالم الخارجي، وثم إدراكه لأمه عن طريق حواسه فهو يلمس وجهها ويديها، ويتمسك بثيابها، ويشم رائحة جسدها ورائحة الحليب، ويسمع دقات قلبها ويتذوق طعم حليب ثديها. وحين تكتمل وظيفة الإبصار يكتشف أن الشيء يبقى موجودا رغم أنه ليس في متناول اللمس، فهو يأنس لمشاهدة أمه ويبكي لغيابها عن ناظريه ويسكت حين يلمحها قادمة.

ومع نمو حاسة السمع يدرك الطفل أشياء البيئة سمعيا إضافة إلى إدراكها لمسيا وبصريا، فالطفل الذي كان يبكي لغياب أمه عن بصره يتوقف عن البكاء حين رؤيتها أو الإمساك بها.

ويسهم اعتماد الطفل على حاستي السمع والبصر في تفسير ولعه بلعبة الاستغماية التي تقوم على اختفاء الأشياء عن بصره وسمعه، وبحثه عنها وتعبيره عن الفرح والسعادة حين يجدها.

يتميز إبصار الطفل في (الطفولة المبكرة 2-5 سنوات) بالطول فتسهل عليه رؤية الكلمات والأشياء الكبيرة ويميز الألوان ويسميها، وقد لوحظ أن أكثر الألوان إثارة للطفل اللون الأحمر والأزرق.

يتطور سمع الطفل في هذه المرحلة تطورا سريعا إذ يدرك الإيقاع الصوتي ويطرب له.

ويلعب تطور حاسة السمع دورا هاما في تعلم اللغة، كما تنمو حاسة الشم بشكل يساعده على تجنب الروائح الكريهة الضارة. أما حاسة الذوق فتعتمد في جوهرها على براعم الذوق المنتشرة على غشاء اللسان، ويستطيع الطفل أن يميز بين الأنواع الرئيسة للمذاق الحامض والمالح والحلو والمر، ولكن في هذه المرحلة يزداد إقباله على الأشياء الحلوة ويزداد عزوفه عن المر والحامض، ويستمر ذلك حتى مرحلة الطفولة المتوسطة من (5-8) سنوات.

وفي هذه المرحلة (الطفولة المتوسطة) تكون حاسة اللمس لديه قوية جدا وتبلغ ضعف مثيلتها عند الراشد، ويلاحظ شغف الطفل بلمس الأشياء وتفحصها. ويكون سمع الطفل غير ناضج في هذه المرحلة فهو يتذوق الموسيقى ولكنه لا يميز الأغنية أو اللحن.

ويكون التمييز البصري ضعيفا لأنه لا يزال يعاني من طول البصر- فهو يرى الكلمات الكبيرة والأشياء البعيدة لذلك نجد أن الأطفال يعانون في هذه المرحلة من صعوبة في القراءة، مما يعرضهم للإصابة بالصداع نتيجة الجهد الذي يبذلونه في رؤية الكلمات الصغيرة القريبة وقراءتها.

أما تطور الكفايات الحسية في الطفولة المتأخرة (8-11) سنة فتكتمل حاستا الذوق والشم وتنحدر كفاية حاسة اللمس، فالطفل يعتمد على العمليات المجردة (التفكير والفهم والاستيعاب والإدراك) مع اكتمال نمو الجهاز العصبي. ولا يعود الطفل يعاني من طول البصر، وهذا يساعده على الملاحظة الأكثر دقة للأمور القريبة والبعيدة مما يؤهله للقراءة الأسرع والكتابة الأدق.

أما الحاسة السمعية فهي الأخرى تتطور كفايتها بشكل يجعل طفل العاشرة فما فوق أقدر على تمييز الأصوات والألحان والأنغام الموسيقية، مما يؤدي إلى دعم تفاعل الطفل الاجتماعي اللفظي استقبالا وإرسالا، وفي هذه الحال على الوالدين والمربين مراعاة ما يلي:-

1- رعاية النمو الحسي وذلك عن طريق الاتصال المباشر بالعالم الخارجي كما في الزيارات والرحلات والعناية بالمهارات اليدوية.

2- تعويد أذني الطفل في الحضانة سماع الموسيقى والأناشيد والكلام المنغم.

3- ملاحظة وجود أي عطل أو عاهة حسية وعلاجها طبيا واتخاذ الإجراءات التربوية اللازمة بما يتناسب وحالة الطفل.

4- الاعتماد في التدريس على حواس الطفل وتشجيع الملاحظة والنشاط باستخدام الوسائل السمعية والبصرية في المدرسة على أوسع نطاق، وإدراك أهمية النماذج المجسمة التي تتيح للطفل فرصة الإدراك البصري واللمس.

5- توسيع نطاق الإدراك عن طريق تنمية دقة الملاحظة وإدراك أوجه الشبه والاختلاف بين الأشياء، وإدراك الزمن والمسافات والوزن والألوان.

6- مراعاة الكتابة على السبورة بأحرف كبيرة على شرط أن يكون مقعد الطفل بعيدا، لأنه يعاني من طول البصر في المرحلة الابتدائية الأولى، كما يطلب من واضعي كتب القراءة في المرحلة ذاتها أن تكون مصورة وكلماتها كبيرة.

لماذا تجب معرفة خصائص مراحل نمو الطفل؟

لا نستطيع التعامل مع الأطفال إذا كنا لا نهتم بهم، لذا كان لزاما علينا أن نفهمهم وأن نعرف كيف تشكلوا بهذه الشخصيات التي هم عليها كما صنعها تاريخهم، وإذا عرفنا شيئا ولو ضئيلا عن هذا التاريخ سنفهم لماذا يتصرف الأطفال هكذا...

بالرغم من الأحاديث الجيدة عن الأطفال إلا أنه لا يوجد طفل نموذجي، لأن كل طفل فريد في نوعه ومختلف عن الأطفال الآخرين، ومع ذلك فالأطفال كالراشدين لديهم الكثير من التشابه لأنهم تطوروا في نفس الطريقة، ومروا في نفس مراحل النمو المتتابعة، وأن كل واحد يمتلك نسبة تطور خاصة به، واختلافا في التراكيب الجسدية والقدرات العقلية والسمات المزاجية. ونحن كبالغين علينا أن نعرف الكثير عن نمو الطفل وتطوره للأسباب التالية:

أولا: إذا عرفنا ماذا نتوقع من كل مرحلة من مراحل النمو لن نكون قلقين أو مندهشين من سلوكيات الأطفال، لأننا نعرف مثلا أنه من الطبيعي أن الطفل ليس له القدرة على ضبط جهازه البولي في السنة الأولى من حياته، نقلق إذا ضرب طفل الثلاث سنوات لعبته "الدب" بعنف على رأسه وقفز عليه عدة مرات. ولسنا منزعجين إذا فاخر أو تباهى طفل الخمس سنوات بسلوكيات مثيرة أمام أقرانه. نحن نعلم أن جميع أشكال هذه السلوكيات عادية وطبيعية ويتخلى عنها الطفل فيما بعد وهو في طريق النمو والتطور، ونعلم أنه يعود إلى مثل هذه السلوكيات التي تخلى عنها إذا كان مريضا أو متعبا أو مضطربا أو خائفا. ويجب أن لا ننسى أن هذه السلوكيات كلها آنية وعابرة وستزول بزوال أسبابها.

ثانيا: إذا ميزنا مراحل نمو وتطور أطفالنا استطعنا تزويدهم بكل ما يحتاجونه لكل مرحلة كي يستطيعوا إتمامها بشكل طبيعي قبل انتقالهم إلى المرحلة التي تليها. وعلينا التأكد من أننا قد منحناهم الحب والتعزيز والتشجيع، وساعدناهم في حل مشكلاتهم، بالإضافة إلى تزويدهم بالأدوات والمواد التي يحتاجونها لتنشيط قدراتهم العقلية والجسمية. وحتى لا نقع في الخطأ علينا أن لا نتجاهل دافعية الأطفال فبدونها لا يستطيعون الانتقال من مرحلة نمو إلى مرحلة نمو أخرى، أو الوقوع في خطأ آخر في محاولة تعليمهم أشياء هم غير مستعدين لها، وأن لا نضيع وقتهم ونهدر طاقاتهم بالطلب إليهم أن يقوموا بعمل هم غير قادرين على القيام به سواء أكان جسميا أو عقليا، كالجلوس هادئين أو اللعب في أشياء ليست في مستواهم العمري، أو تعويدهم الكتابة قبل أن يستعدوا لها جسميا وعقليا.

ثالثا: علينا أن نطلب المساعدة الفورية إذا شاهدنا طفلا يسلك سلوكا من المفروض أن يكون قد تعداه في مرحلة نمو سابقة لأنها دلالة على عدم نضج الطفل وأنه بحاجة إلى المساعدة. وإذا لم يستطع طفل السنتين الوقوف أو المشي، أو الكلام في السنة الثالثة أو يقوم بحركات عصبية غير لائقة في السنة الخامسة، أو سريع الغضب ويترك طعامه في سن الثامنة، ولا يستطيع القراءة في سن التاسعة، ففي هذه الحالات علينا أن نسرع في مساعدتهم لأن هذه الأمثلة إشارة إلى أن أطفالنا بحاجة إلى المساعدة والعلاج.

الدوافع الجنسية وحب الاستطلاع

لطفل ما قبل المدرسة

تشمل الدوافع الجنسية رغبات عديدة تتعلق بالسعادة من الإثارة الناتجة عن العبث بالعضو التناسلي. ويبدأ نشاط الاهتمام الجنسي قبل مرحلة المدرسة. ويكتشف العديد من الأطفال من الجنسين اللذة من العبث بالعضو التناسلي خلال هذه السنين "سن ما قبل المدرسة". ومن المعلومات التي استخلصت من دراسة أجريت لمقابلة عدد من أمهات أطفال رياض الأطفال حول العبث بالعضو التناسلي، رفض البعض من الأمهات الإدلاء بأية معلومة من هذا القبيل وأشارت الدراسة إلى أن ذلك يعود إلى أن الأطفال الصغار يقومون بهذه الأعمال في الخفاء. بينما أظهرت الدراسة أن من الطبيعي تكرار مثل هذه الأعمال "العبث بالعضو التناسلي" في سن مبكرة عند الأطفال.

بما أن عملية الإثارة والإشباع مرتبطة بالعبث بالعضو التناسلي فإن اهتمامات الطفل بالجنس تزداد كثيرا وخصوصا كلما سنحت الفرصة للطفل لمراقبة الاختلاف بين عضوه التناسلي والعضو التناسلي للكبار وكذلك العضو التناسلي للجنس الآخر. إن اختلاف أعضاء التناسل عند الجنسين تثير حب الاستطلاع والاهتمام لأعضاء الجنس عند الآخرين وخصوصا للوالدين وأولئك الذين من الجنس الآخر، وتتولد لديه الرغبة الأكيدة في فهم هذا الاختلاف. إن أسئلة الأطفال حول الجنس وخصوصا من أين يأتي الطفل؟ وكيف وضع في بطن أمه؟ كل هذه أسئلة شائعة من سن الثانية وحتى الخامسة.

يحاول الآباء بالنسبة إلى الثقافة الغربية وتحت ضغوط شديدة إخفاء علامات النشاطات الجنسية وعدم الاهتمام بها وإثارة حب استطلاعها عند أطفالهم. ولقد أجريت من جراء ذلك مقابلات شخصية لعدد كبير من الأمهات بغرض دراسة

الجنس عند أطفالهن. وكانت النتائج أن 5% من الأمهات يسمحن لأطفالهن بالعبث في العضو التناسلي، و15% منهن يرفضن رفضا باتا ظهور أطفالهن عراة يركضون في أرجاء المنزل، والغالبية تحاول ضرب أو توبيخ أطفالها كلما حاول أحدهم العبث بالعضو التناسلي علانية. لهذا ظهر أن العبث بالعضو التناسلي قد أصبح محور مشاكل العائلة يثير السعادة للطفل من جانب والعقاب له من جانب آخر، والتوتر والمشاحنة بين الوالدين.

إن الطريقة المفيدة في تقليص حجم هذه المشكلة أن لا تلجأ الأم إلى عقاب أو توبيخ طفلها أو ضربه، ولكن عليها مشاركته في بعض الأعمال أو الألعاب التي يحبها دون أن تحدث ضجة أو انفعالا أو تثير انتباهه حين رؤيته يعبث بعضوه التناسلي، ولا تكرر على مسامعه أنها رأته يفعل ذلك لأن ذلك يزيد الطين بله ولا يقدم الحل المناسب لهذه المشكلة.

إن الإجابة عن أسئلة الطفل حول الجنس يجب أن تجيب الأم عليها بصراحة وصدق دون إحراج وعلى سبيل المثال إذا سأل من أين أتيت؟ ومن أين أتى أخي؟ تجيب إن الأطفال ينمون في بطون أمهاتهم وهذا يكفي ويقنع الكثير منهم، المهم إشعار الطفل بأهميته وذلك بالإجابة على أسئلته. ولكن ربما يأتي بعد أسابيع أو أشهر ليستوضح أكثر وهنا يشعر الآباء بعظم المشكلة ويحاولون الإجابة عن كل صغيرة وكبيرة، وهذا لا يجوز ولا ينصح به مطلقا، بل عليهم إعطاء الطفل فكرة مبسطة عن تكوين الأسرة من الأم والأب وأنه في المستقبل حين يكبر ويتزوج سيكون له زوجة وأطفال مثل أبيه.

لغة الحوار بين الأطفال

يكشف لنا الخبراء والباحثون كل يوم عن قدرات جديدة عند الأطفال لم تكن معلومة مـن قبـل، وآخر ما كشف عنه العالم الفرنسي البروفسور "رد هوبيرت مونتانييه" أخصائي دراسة سلـوكيات الأطفال أن الطفل يملك كل وسائل الاتصال بأقرانه قبـل أن يتمكـن مـن الحـديث أو التعبـير عـن نفسـه بـالكلمات والألفاظ.

يقول مونتانييه أن إثبات هذه الحقيقة ظلت محل دراسته واهتمامـه منـذ عـام 1970، بعـد أن وجد معظم الباحثين يركزون اهتماماتهم على مراقبة سلوك الحيوانـات ومحاولـة فهـم لغة التفاهم فيما بينهم أكثر من الإنسان في هذه السن الصغيرة.

ويؤكد البروفسور مونتانييه أن الطفل منذ الشهر الخامس من عمره يملك طرقا عديـدة لإقامة علاقات حقيقية مع أقرانه.

والادعاء بأنه كائن أناني ينصب كل اهتمامه حول ذاته، وأنه غير قادر عـلى الاهتمـام بـأي شيء آخر هو إدعاء باطل، والدليل على ذلك أن أي شخص يستطيع أن يلاحظ ذلك إذا راقب سلوك مجموعة من الأطفال في أي دار حضانة.

والطفل بين الشهر الخامس والتاسع- وهي الفترة التي يحبو فيهـا عـلى يديـه وقدميه محـاولا اكتشاف البيئة التي يعيش فيها والمكان الذي يحيط به- يملك ثلاث وسائل رئيسة تتيح لـه الاتصال بأقرانـه أولها وأكثرها شيوعا واستعمالا هي يداه، ولكي يحاول جذب انتباه صـديقه نـراه يمـد إليه يـده محـاولا الاتصال به والاقتراب منه حتى يلمس وجهه ويكتشفه، وتبقى راحـة يـده متجهـة دائمـا إلى الأسـفل حتى الشهر الخامس عشر، ولا يستطيع توجيهها إلى أعلى، وهـذا هـو السـبب الـذي يجعلـه لا يقدم أبـدا عـلى تقديم ما يريده لغيره حتى ولو طلب منه ذلك، وقد يظن البعض نتيجة لـذلك أن الطفل كـائن أنـاني وبخيل، ولكن الصحيح عكس ذلك إذ أن المسـألة لا تتعدى عـدم قدرتـه عـلى التحكم في عضلات يـده وتحريكها.

الوسيلة الثانية من وسائل الاتصال بين الأطفال هـي العينـان إذا كـان يرغـب في الحصـول عـلى اللعبة أو قطعة البسكوت في يد زميله تراه يطيل تحديق النظر في عيني صديقه كما لو كان يقول له "مـن فضلك دعني أر ما في يدك"، ولتعزيز طلبه سوف يدعم نظرة عينيه بحركة مـن جسمه حيـث يميل بكـل رأسه على أحد كتفي صديقه.

الوسيلة الثالثة من وسائل الاتصال هي فمه، إذ يحاول الطفل التقـرب مـن زميلـه ليقبلـه، وإذا استجاب له سار كل شيء على ما يرام، وإذا لم يستجب له عضـه، وأحيانـا يغـرز أظـافره في وجهـه أو يشد شعره، وهذا التحول العدواني لا يستغرق سـوى ثـوان ثـم ينتهـي كـل شيء، ويعتبر ذلك مرحلـة سـلوكية طبيعية جدا يمر بها كل الأطفال في الشهر الخامس عشر من أعمارهم، وفي هذه الفتـرة سوف يتمكن مـن قلب راحة يده إلى أعلى، وهو السلوك الذي يدخل تعديلا جوهريا على علاقته بزملائه لأنه سيتمكن مـن تقديم ما في يده إلى زميله، كما يستطيع أن يطلب منه ما في يده، وبمعنى آخر سوف يتعلم كيـف يشارك زملاءه في لعبهم وأدواتهم، كما يشاركونه لعبه وأدواته. وخـلال هـذه الفتـرة أيضـا يبـدأ الأطفال الاهـتمام المشترك باللعب الجماعي، وهنا تبرز أهمية دور الحضانة في حياة الطفل لأنها المكان الوحيد الـذي يشـارك فيه أطفالا آخرين ويتعود فيه على الحياة وسط الجماعة.

الاهتمام بصحة الطفل وصحة بيئة الروضة.

تعتبر رياض الأطفال مكانا تربويا منظما وبيئة أدبية مناسبة لطفل ما قبل المدرسة، فهي بمثابة المجتمع الذي تترعرع فيه حياة الطفل الطبيعية، كما أنها في الواقع أقرب إلى حياة المنزل منها إلى حياة المدرسة. فما يمارسه الطفل من حياة عادية في الروضة في حركاته ونشاطه، في مأكله ومشربه، بحرية كاملة تحت إشراف معلمات مؤهلات ومدربات للعناية به على أكمل وجه، وفي الروضة يتاح للطفل تكوين عادات صحيحة وسليمة، وتنمو قدراته المختلفة سواء العقلية أو الجسمية أو الاجتماعية، ويتدرب على العادات الصحية ويكتسب إلى جانب ذلك الخبرات المتنوعة وأساليب العمل المختلفة. وحياة الطفل في الروضة قريبة جدا من حياة الأسرة بل الأصح هي امتداد لها وأكثر صلة منها بالمرحلة الابتدائية الدنيا، لذلك وجب توفر الخدمات الصحية للعناية بصحة الطفل، لأن مع توفر صحة الجسم لديه تكتمل العمليات العقلية التي تؤثر بالتالي على بقية النماءات الأخرى.

وللاهتمام بصحة الطفل وصحة بيئة الروضة يجب توفر الوسائل التالية:

1- تقديم وجبات طعام خاصة للأطفال وخصوصا الحليب في الصباح.

2- تقديم الأدوية والعلاجات في الحالات التي يتطلبها الأطفال وبشكل مجاني.

3- الإسعافات الأولية وهذا يستلزم التدرب على القيام بها لأهميتها في الحالات الطارئة .

4- الإشراف الطبي المستمر وهذا يتطلب توظيف طبيب أو ممرضة بشكل دائم ومنتظم للإشراف على صحة الأطفال عن كثب.

5- نظافة الروضة وخلوها من الأوساخ، وبعدها عن مصادر التلوث، أي أن يكون المبنى صحيا في موقعه ومرافقه.

6- وقاية الأطفال من الأمراض المعدية عن طريق التوعية وإعطاء المطاعيم لبعض الأمراض السارية أو الطارئة .

7- الاهتمام بالنظافة العامة للطفل وخصوصا نظافة أذنيه وأنفه، ومتابعة يومية لنظافة جسمه وملابسه وحذائه.

8- الرقابة المتشددة على باعة الأغذية في ساحة الروضة أو بالقرب منها بحيث تكون بعيدة عن الفساد أو التلوث وأن تكون محفوظة جيدا.

9- أن تكون غرف المبنى صحية أي أنها معرضة للشمس والهواء النقي.

10- الاهتمام بنظافة الحمامات والحنفيات، وأن لا تصدر الروائح الكريهة التي تؤذي تنفس الطفل باستنشاق الهواء الفاسد.

11- هدوء مكان الروضة وذلك أن يكون بعيدا عن مصادر الضوضاء كالمصانع وأماكن تجمع السيارات.

12- لا بد من وجود ساحات واسعة مزودة بألعاب لممارسة النشاطات الجسمية، على أن تكون هذه الألعاب من النوع الذي لا ضرر منه على صحة الطفل وسلامته.

13- توفير أماكن للزراعة، تخصص بقعة صغيرة لكل طفل ليقوم بزرع نبتة خاصة به يعتني بها ويرويها .

14- لا بد من توفير وسائل نقل مع مشرفة ترافق الأطفال، تقوم على رعايتهم وحمايتهم والاهتمام بهم وتوصيلهم إلى منازلهم بأمن وسلام.

المرحلة التعليمية الأولى من أهم المراحل في حياة الطفل.

اعتبر إخصائيون تربويون المرحلة التعليمية الأولى في حياة الطفل من أهم المراحل في حياته، حيث يبدأ الطفل بالانفصال التدريجي عن العائلة والبدء بالتعامل مع أجواء جديدة، مؤكدين على الدور الكبير الذي تلعبه المعلمة في مساعدة الطفل على التأقلم على هذه الأجواء الجديدة التي إن لم يتمكن من التعامل معها قد يرفض الذهاب إلى الروضة بشكل نهائي، وعلى عائلة الطفل تهيئته للذهاب إلى المدرسة والانفصال عن الأجواء العائلية، كخطوة سابقة على إرساله إلى الروضة.

يقع على المعلمة في داخل الصف العبء الأكبر في مساعدة الطفل على التأقلم مع الأجواء الجديدة، فالطفل يذهب للمدرسة في هذه المرحلة تحت تهديد الخوف من الأب أو الأم أو المعلمة، أي خوفا من السلطة التي لا يقوى على الوقوف بوجهها، ولكن ترغيبه بالمدرسة يعود على المعلمة بالدرجة الأولى والأهل بالدرجة الثانية، يجب أن تبتعد المعلمة داخل الصف عن أي سلوك عنف سواء كان ممثلا بالغضب أو الصراخ الشديد بوجه الطفل، وعليها مطالبة الأهل بضرورة مرافقة أطفالهم في الأسابيع الأولى لذهابه للمدرسة كي يشعر بالأمن والاطمئنان ولا يشعر بالوحدة والخوف.

إن أهمية تفهم الأهل لهذه المرحلة من حياة الطفل ضرورة لإشباع مبدأ الثواب والعقاب، وقيام الأم بمتابعة الطفل في المدرسة وتحفيزه على الذهاب إليها لأن إهمال الأم لطفلها في هذه المرحلة خاصة في الأسابيع الأولى من ذهابه للمدرسة يؤثر سلبا عليه ويدفعه للعنف بأشكاله المختلفة.

ويخلص إخصائيون تربويون على أهمية هذه المرحلة التي تتطلب مشاركة المعلمة وعائلة الطفل بها كي لا يرفض الطفل الذهاب إلى الروضة، مؤكدين على أن مرحلة الطفولة المبكرة ومرحلة ما قبل التعليم الإلزامي تتطلب الوعي الكامل من قبل الأهل، فهي المرحلة التي يبدأ الطفل بها بتكوين شخصيته المستقلة، لهذا يكون أكثر عندا وتذمرا، الأمر الذي يتطلب مشاركة المعلمة داخل الصف والعائلة بترغيبه بالروضة وعدم إجباره على الذهاب إليها إلا بطريقة الترغيب لكي يبدأ مرحلة جديدة من عمره تبدأ بالحب لا بالإكراه.

الطفل واليوم الأول في المدرسة

يهتم أكثر الأطفال بالمعلم الذي سيعلمهم في السنة الدراسية الجديدة، والطفل عند حضوره إلى المدرسة مع أحد والديه في أول يوم يرسم انطباع الخوف على وجهه لدى رؤيته المعلم، ويفسر أولياء الأمور هذا الانطباع أنه شيء طبيعي بسبب اليوم الأول المدرسي، وعلى العموم فإن الانطباع الأول يجب أن يعطي رد فعل إيجابي عند الأطفال. ولهذا على المعلمة أن تعرف كل شيء عن خلفية الطفل قبل أن تلتقي به لأنه من الممكن أن تواجه (المعلمة) ببعض الأطفال المشاغبين، وحكمتها في التعامل مع مثل هؤلاء الأطفال (المشاغبين) تلعب دورا كبيرا وهاما في مساعدتهم على التكيف في بداية العام الدراسي، لأن الطفل يكون اتجاها معينا للمعلمة في أول لقاء معها، فإذا كان اتجاهه سلبيا فمن الممكن أن تمر شهور تحاول فيها المعلمة جاهدة أن تكون علاقة جيدة مع هذا الطفل، ولكن إذا كان الاتجاه إيجابيا فإن البداية ستكون ممتازة.

إن اليوم الأول في المدرسة يوم مزعج للمعلمة كما هو للطفل، ولهذا تحتاج إلى فترة من الوقت حتى تتكيف مع الموقف الجديد وتميز الفروق الفردية بين الطلاب، وبكل حرص شديد ومحبة وصبر تحاول أن تمحو الكثير من مشاعر القلق والخوف وعدم الاطمئنان التي تنتاب الطفل قبل أن تبدأ في تدريسه وتعريضه للموقف التعليمي الرسمي، وذلك بأن تشاركه في نشاطات المدرسة المختلفة حتى ينسجم مع زملائه في ألعابهم المدرسية ونشاطاتها، ويتكون عنده انطباع جيد عن المدرسة. ومن المهم أن تحفظ المعلمة أسماء أطفالها جيدا كي تعزز لديهم فكرة الذات، وأن تجلس مع كل طفل تحاول مساعدته وتخفيف ارتباكه وخوفه، وأن يكون هناك بعض الضبط في اليوم الأول مع شعور الطفل بالراحة.

على المعلمة أن لا تشعر بعدم القدرة أو الكفاءة لأنها لم تستطع أن تفوز بعلاقة جيدة مع الأطفال في خلال أيام قليلة، لأن الأطفال الذين تكون علاقاتهم أصلا

مع البالغين غير جيدة (بسبب التنشئة الاجتماعية البيتية) لا يشعرون بالثقة تجاه معلمتهم. ومـن هنا على المعلمة أن تساعد الطفل بنفسها في بناء جسور الثقة بينها وبينه بأسلوب معاملتها له وإشعاره دائمـا أنه محط رعاية وحب واهتمام كي تكون علاقتها معه دائمة وجيدة باستمرار، وإذا لم تؤكد المعلمة عـلى هـذه العلاقة وتعززها فإنها ستجد نفسها قد فقدت ثقة الطفل دون أن تعرف كيف ومتى؟

النمو الوجداني والانفعالي للطفل في المرحلة الابتدائية الأولى

رغم أن الوراثة والبيئة تشكلان العنصرين الرئيسين لتطور شخصية الفرد، فإن تداخلهما يكون عنصرا ثالثا هو ظاهرة "الذات والأنا" وبينما ينمو الطفل ويتطور ويألف وقائع حياته الداخلية والخارجية، فإن جانبا من مجال إدراكه الكلي يبدأ بالاتجاه تدريجيا إلى التخصص الذاتي: لي، أنا، نفسي، ملكي.

وإذا بزغت شخصية الذات لديه فإنها ستصبح المحور الأساسي الذي تدور حوله شخصيته. وإذا طلب إلى الفرد أن يختار مهنته في المستقبل فإنه يدركها ويفكر بها ويسلك نحوها ضمن علاقاتها بمحور شخصيته ومن خلال احتكاكه بعالمه. وعلى ضوء تجاربه يتطور لديه ما يسمى بالإطار المرجعي الذي يمثل في الحقيقة نظرة الفرد لعالمه وذاته كمركز لذلك العالم. فمثلا لا نتوقع من الطفل الصغير أن يدرك بوجدانه المواقف والحقائق الواقعية كما تحدث لنا نحن الراشدين، فلو جاع ولم تلب حاجته للطعام فإنه يبكي، ونعرف أن البكاء لا يشبع دافع الجوع لديه ولكنه لا يجد سبيلا آخر يعبر به عن توتر نفسه وألمها بسبب الجوع سوى سلوك فطري هو البكاء.

وإلى جانب تطور وجدانه نحو إدراك الواقع يطور الفرد ابتداء من طفولته وجدانا نحو مواقف الحياة الخلقية ومعاييرها وقيمها الاجتماعية التي تتمثل في آرائه عن الخطأ والصواب والتي يتعلمها أثناء تفاعله مع أسرته واتصاله بالمجتمع الإنساني الذي يعيش فيه.

أما بالنسبة لنموه الانفعالي فتتسع علاقاته الانفعالية بعد أن كانت محصورة في الأسرة لتشمل أقرانه في الصف ورفاقه في اللعب ومعلميه الذين يتعامل معهم. ويتعلم الطفل كيف يشبع حاجاته بطريقة بناءة أكثر من محاولة إشباعها عن طريق نوبات الغضب.

وتتكون العواطف والعادات الانفعالية في المرحلة الابتدائية، ويبدي الطفل الحب ويحاول الحصول عليه بكافة الوسائل، ويحب المرح وتتحسن علاقاته الاجتماعية والانفعالية مع الآخرين، ويقاوم النقد بينما يميل إلى نقد الآخرين، ويشعر بالمسؤولية ويستطيع تقييم سلوكه الشخصي.

ومن أبرز الانفعالات في هذه المرحلة "الابتدائية" انفعال الغيرة والتي يعبر عنها بمظاهر سلوكية تتسم بالضيق والتبرم، فهو يغار من زملائه الذين يتفوقون عليه بالتحصيل الدراسي أو من أخيه الذي يحظى بحب والديه أكثر منه.

أما انفعال الخوف فيكون مصدره المدرسة والعلاقات الاجتماعية وليست الأصوات والأشياء الغريبة والحيوان والظلام، وقد تشاهد نوبات الغضب شديدة وخاصة في مواقف الأسرة. لذا كان على الوالدين والمربين مراعاة ما يلي في انفعالات الأطفال وخصوصا في المرحلة الابتدائية.

** رعاية النمو الانفعالي وتفهم سلوك الطفل وإشعاره بالراحة والأمن وإنه محبوب مقرب إليهم ليستطيع أن يعبر عن انفعالاته تعبيرا صحيحا.

** إتاحة الفرصة للتنفيس والتعبير الانفعالي عن طريق اللعب والموسيقى والرسم والتمثيل .

** خطورة اتباع النظام الصارم المتزمت في التعليم.

** خطورة مقارنة الطفل بإخوته أو رفاقه على مسمع منه حتى لا يتولد الشعور بالنقص عند الطفل الأقل مرتبة في أعين والديه ومعلميه.

** النظر إلى الاضطرابات السلوكية على أنها أعراض لحاجات غير مشبعة يجب إشباعها وإحباطات مؤرقة يجب التغلب عليها لنحافظ على فلذات أكبادنا شباب ورجال الأمة والوطن.

طفلك ومرحلة الطفولة المتوسطة

من 5-8 سنوات

تبدأ هذه المرحلة من 5-8 سنوات أي أنها تقابل الصفوف الثلاثة الأولى الابتدائية وهي فترة النمو الهادئ، كما توصف هذه المرحلة بأنها مناسبة لعملية التنشئة الاجتماعية وغرس القيم التربوية التي تبدأ في المنزل وتستكمل في المدرسة، ويكون الطفل في هذه المرحلة أكثر اعتمادا على نفسه وأكثر تحملا للمسؤولية، وتتصف كذلك بالنشاط الزائد للطفل الذي يجعله يصرف معظم وقته خارج المنزل في اللعب مع أقرانه من غير تعب مما يثير دهشة الكبار. يتعرض الطفل في هذه المرحلة لبعض الأمراض المعدية كالأمراض الجلدية والحصبة والجدري نتيجة مخالطته للأطفال .

وبما أن هذه المرحلة هي مرحلة الالتحاق بالمدرسة تأتي أهمية وأثر اليوم الأول فيها، حيث تتم بالفعل عملية الانتقال من المنزل إلى المدرسة، وتلعب المدرسة دورا هاما في حياة الطفل بتعليمه أنماطا كثيرة من السلوك الجديد والمهارات الأكاديمية وتتوسع حصيلته الثقافية.

ويلاحظ أن اتجاهات الطفل نحو الالتحاق بالمدرسة غالبا ما تكون إيجابية، فالغالبية من الأطفال يدخلون المدرسة بشغف ولهفة، بينما قلة منهم لا يرحبون بهذه الخبرة الجديدة، ويظهر ذلك بشكل بعض المشكلات السلوكية كالتعلق بالوالدين والبكاء عندما يتركونهم بالمدرسة ويهمون بالانصراف. ويكون اليوم الأول يوما يسوده البكاء والانعزال ومحاولة العودة للمنزل، ويرجع ذلك إما إلى التعامل مع مجموعة كبيرة من الأطفال، وإما إلى وجود طفل صغير في المنزل يسبب له غيرة شديدة، وإما بسبب الخوف من عقاب المعلم الذي سمع عنه من إخوته الكبار أو من أطفال الجوار الذين سبقوه في الذهاب للمدرسة. لذلك على الأم أن تمهد لطفلها بإعطائه فكرة مسبقة محببة

عن المدرسة، أو بقيامها بزيارة مع طفلها إلى المدرسة قبل التحاقه بها، أو أن تمكث معه لفترة من الوقت في المدرسة خوفا من ردود فعل انفعالية عند طفلها.

في هذه المرحلة تكون حاسة اللمس عند الطفل أقوى الحواس، وتبلغ ضعف مثيلتها عند الراشد، كما يكون سمع الطفل غير ناضج فهو وإن كان يستطيع تذوق الموسيقى إلا أنه لا يتذوق الأغنية أو اللحن. ويتميز النمو البصري بطوله أي أنه يرى الكلمات الكبيرة والأشياء البعيدة أكثر من رؤيته الكلمات الصغيرة والأشياء القريبة، كذلك يعاني الأطفال في هذه المرحلة من صعوبة في القراءة، مما يعرضهم للإصابة بالصداع نتيجة الجهد الذي يبذلونه في رؤية الكلمات الصغيرة وقراءتها.

يدرك الطفل في هذه المرحلة الأشياء العامة الكلية قبل إدراك أجزائها وتفاصيلها، ويستطيع تمييز الحروف الهجائية ويقلد كتابتها، غير أنه يخلط في بادئ الأمر بين الحروف المتشابهة: (ب، ت،ث) و(ج،ح،خ)، كما أنه يدرك الأعداد فيتعلم العمليات الحسابية: الجمع ثم الطرح في سن السادسة والضرب في سن السابعة والقسمة في سن الثامنة.

يدرك الطفل في هذه المرحلة المسافات فيقل سقوطه عن الحواجز والأدراج، كما يدرك الألوان وأكثرها إثارة له اللون الحمر والأزرق، ويدرك الزمن ويعرف أن السنة تتكون من فصول، والشهر يتكون من أسابيع، وأن الأسابيع بها أيام.

أما قدرة الطفل على الانتباه فتكون محدودة ولا يستطيع حصر انتباهه في موضوع معين مدة طويلة، وفي نهاية المرحلة يستطيع التغلب على المؤثرات الخارجية التي تشتت انتباهه.

يحفظ الطفل الموضوعات التي تقوم على الفهم والإدراك ويستطيع أن يحفظ ما متوسطه11 بيتا من الشعر.

ويكون تفكيره في هذه المرحلة عمليا يستهويه فحص الأشياء ومحاولة حلها وتركيبها، ويميل إلى حل الألغاز والأحاجي، وتكون رغبته في حب الاستطلاع كبيرة، يسأل ويستفسر عن كل شيء يصادفه، ويصر على الحصول على إجابات

لأسئلته التي تؤدي أحيانا إلى إحراج والديه. ينمو عند الطفل التفكير الناقد فيلاحظ نقده للآخرين وحساسيته من نقدهم له، كما يميل إلى الاستماع إلى الحكايات والقصص، ويمضي ـ أوقاتا طويلة في مشاهدة التلفاز.

ومن أبرز الانفعالات في هذه المرحلة الغيرة من إخوته الذين يصغرونه سنا ومن زملائه الذي يتفوقون عليه في التحصيل الدراسي، كما يظهر عنده انفعال الخوف من المدرسة وخصوصا إذا قصر في واجباته المنزلية.

وتكون المنافسة فردية في بداية المرحلة ثم جماعية وخصوصا في الألعاب الرياضية. وتبدأ سمات الزعامة ومن مقوماتها ضخامة الجسم وصحة البدن، وتتسع دائرة ميول الأطفال واهتماماتهم وينمو لديهم الضمير ومفاهيم الصدق والأمانة، كما أنه يكثر من الأسئلة حول الموضوعات الدينية مثل الموت والتعب والولادة، وعلى الآباء والمربين تقبل سلوكيات الطفل وإشعاره بالراحة والأمان وتعليمه الفضائل عن طريق القدوة والتطبيق العملي وليس عن طريق النصح والإرشاد.

كيف نعلم الطفل المهارات القرائية

يقول لينبرغ في كتابه الأسس البيولوجية للغة أن تطورها عند الإنسان يرتبط بدرجة كبيرة بالسن، وعلى وجه التحديد يرتبط بالنمو والتطور الحركي للكائن الحي، وتلعب البيئة دورا هاما في تطور اللغة ودلالتها، فاللغة أمر مكتسب وليس من قبيل الفطرة، ولو فطر الإنسان على اللغة لما تعددت اللغات. ومهارة القراءة تتطلب نضج حاستي البصر والسمع حتى يتمكن الطفل من التمييز بين حروفها وأصواتها، ولو ثبت أن التقدم في القراءة مرتبط بحركة العينين لما ثبت أن تقدم النطق مرتبط بحركة الحلق واللسان والشفتين، ومهارة القراءة تقتضي أن لا يعجز الطفل عن معرفة وتمييز أي حرف ولا أية كلمة تمييزا بصريا ولا عن نطقها بطبيعة الحال في القراءة الجهرية.

كما تقتضي أن لا يتوقف أو يرجع ببصره إلى الوراء للتثبت من حرف أو كلمة، أي أن لا يتعثر في القراءة، لأن التعثر ينتج عادة من توقف أو من رجعة. وقد ثبت أن لحظات التوقف والرجعة تقل تدريجيا إلى أن تزول تماما كلما كبر الطفل وازدادت سيطرته على المهارات الحركية المتصلة بالقراءة مع انتقاله إلى المراحل الأعلى في المدرسة. والقراءة هي مفتاح التعلم النظامي التي تشتمل على عمليات عقلية ذهنية إلى جانب العمليات الحركية، ولابد من توافر بعض الشروط الأساسية قبل أن يصبح الطفل قادرا على القراءة الفاهمة الواعية وهذه الشروط هي:

1- النضج العضوي لحاستي البصر والسمع، والقدرة على النطق السليم للحروف والأصوات.

2- توافر الشروط الاجتماعية والحوافز العاطفية التي تتمثل في مدى اهتمام بيئة الطفل بالقراءة والكتب، كما تتمثل في حرص الوالدين وحثهم أولادهم على الإقبال على القراءة.

3- الاستعداد الحسي الإدراكي للقراءة، فأمراض العين والأذن أو إصابتهما بعاهة من العاهات تشكل عقبة كبرى في تعلم القراءة، ولإدراك أهمية الجانب الحركي علينا أن نعرف أن القراءة تستلزم القيام بحركات متنوعة في تتبع الكلمات والأسطر بالبصر، وأن فرز الحروف والكلمات يستدعي القيام بعملية تآزر وتنسيق في عضلات العينين، فالقراءة تتطلب تظافر الوظائف البصرية والسمعية والصوتية، وأي نقصان في إحدى هذه الوظائف عن الحد السوي قد تكون عقبة أمام إتقان مهارة القراءة.

إن النقطة التي ينبغي أن يلتفت إليها المعلم هي أن الأطفال جميعهم لا يتحقق لهم النضج الجسمي والحسي والحركي في عمر واحد، ولذلك ينبغي أن ينوع في نظرته للأطفال وتوقعاته منهم، وأن مقارنة الطفل بغيره من الأطفال في نفس العمر الزمني محدودة الأهمية من الوجهة التربوية.

ملاحظة: لوحظ أن الطفل العادي عندما يلتحق بالمدرسة تكون حصيلته اللغوية (2500) مفردة كما أنه قادر على استخدام جمل في تعبيره الشفوي تتكون الواحدة منها من خمس كلمات تقريبا. ويستطيع الطفل في هذه السن أن يعرف أشكال الحروف الأبجدية، ويستدل من ذلك عن بدء استعداد الطفل للقراءة.

كيف نعلم الطفل مهارات الكتابة

تعد المهارات الحركية المتصلة بالنطق والقراءة متطلبات أساسية لاكتساب المهارات الكتابية وتطورها. وتعد المهارات الكتابية أكثر تعقيدا من مهارات النطق والقراءة لأنها تتطلب قدرا كبيرا من التناسق والتآزر بين حركات العينين واليدين وقدرة كاملة على التحكم والسيطرة على عضلات الرسغ والأصابع، بالإضافة إلى تنسيق وتآزر وتحكم وتوجيه بين الجهازين العصبي والعضلي، وتتطلب مهارات الكتابة معرفة دقيقة بالحروف والكلمات ودلالتها ومعانيها لكي يتمكن الطفل من استخدامها في التعبير والتواصل.

عندما يلتحق الطفل بالمدرسة في حوالي السادسة من عمره يستطيع أن يمسك القلم ويكتب، إلا أن كتابته لا يكتمل فيها الانتظام والتماسك والدقة، كما تكون سرعته في الكتابة بطيئة، ودرجة ضغطه على القلم ليست في مستوى الاتزان المطلوب. ويستطيع المعلم الأخذ بيد الطفل في التغلب على هذه العيوب عن طريق تدريبه على استعمال نماذج الخط المطلوب التي تكون في المراحل الأولى خطوطا متصلة تأخذ أوضاعا مختلفة، أفقية، مائلة أو رأسية. وتلي مرحلة الخطوط مرحلة الحروف والكلمات المنقطة فيطلب من الطفل أن يمر بقلمه عليها حتى تأخذ النمط المطلوب، ويستطيع المعلم قبل ذلك أن يدرب الطلاب على الكتابة في الهواء أو بأصابعهم على الورق بدون استخدام الأقلام لتدريب اليدين والرسغ والأصابع على الحركات اللازمة لمهارة الكتابة.

ويواجه الطفل العديد من العوائق والصعوبات في سعيه لتطوير مهاراته الكتابية:

1- أولى هذه الصعوبات هي معرفته برسم الحروف التي تتكون منها الكلمات وقدرته على ربطها معا بصورة صحيحة ليشكل منها مفردات لها معانيها ودلالتها.

2- تتمثل الصعوبة الثانية في قدرة الطفل على كتابة الجمل ذات المعنى وترتيب كلماتها في صيغ صحيحة من حيث كتابتها ومعانيها والتزامها بقواعد اللغة.

3- والصعوبة الثالثة هي إنتاج الجمل في خطوط مستقيمة ومتناسقة.

يتضح لنا أن المهارات الكتابية تشتمل على نوعين من المهارات:

أ. المهارات الحركية الآلية.

ب. المهارات العقلية والفكرية الفنية.

ويستطيع الطفل أن يتقن المهارات الحركية الآلية المتصلة بالكتابة في المرحلة الابتدائية، فيتقن استعمال القلم ورسم الحروف والكلمات وكتابة الجمل بصورة صحيحة نوعا ما، ويتوقف إتقان الطفل للمهارات الآلية على نضج الأجهزة العضلية والعصبية المرتبطة بها، وعلى قدرة الطفل على إحداث التناسق والتآزر بين هذه الأجهزة، وإحكام سيطرته على العضلات الدقيقة في اليدين والأصابع، وتتدرج قدرة الطفل في السيطرة على هذه العضلات حتى تبلغ ذروتها قبل نهاية المرحلة الابتدائية.

أما مهارات الكتابة المتصلة بالجوانب الفكرية والعقلية التي ترتبط بقدرة الطفل على استخدام الكتابة في التواصل والتعبير عن الأفكار والمشاعر، فإن تطورها يستغرق وقتا أطول ويتطلب الكثير من الرعاية التربوية والتعليم والتدريب في نطاق التفاعل الهادف مع البيئة والتكيف معها والسيطرة على متغيراتها.

وتستمر قدرات الطفل في التطور في الجانب العقلي والوجداني في المهارات الكتابية حتى ما بعد مرحلة المراهقة. وتلعب البيئة وما توفره من مثيرات وفرص للتفاعل وتعزيز وتشجيع الإنجاز دورا هاما في هذا المجال.

ومن العوامل التي تؤثر في إتقان المهارات الآلية الحركية في الكتابة هي:

1- توفير الدافعية اللازمة.

2- تجنب إرهاق الطفل بالتدريب الشاق الطويل.

3- التدرج في إكساب الطفل مهارات الكتابة بشكل يتفق مع نضج أجهزته العقلية والعصبية، وقدرته

على التنسيق بين العينين واليدين .

4- تزويد الطفل بالتغذية الراجعة والتعزيز.

5- التأكيد على إمساك القلم بطريقة صحيحة تتناسب ووضع الذراع والجسم في أثناء عملية الكتابة.

التمركز حول الذات: ما هو؟

يعرف التمركز حول الذات في مرحلة ما قبل التفكير الإجرائي بأنه عدم الدراية بمفهوم أو فكرة أو وجهة نظر، وبالتالي جهل الطفل بأن وجهة نظره أو إدراكه لشيء ما أو مفهوم ما قد تختلف عن وجهة نظر شخص آخر. والتمركز حول الذات خاصة أساسية من خصائص تفكير الطفل في المرحلة العشوائية التي تمتد من الولادة حتى السنة الثانية، ويظهر التمركز أيضا في مرحلة أخرى لاحقة، ففي المرحلة الحسية الحركية التي تبدأ من السنة الثانية حتى السنة الرابعة تقريبا حيث تقوم وظائف الطفل فيها على كيفية حسية حركية محضة ويكون غير قادر على التعامل مع الأشياء داخليا (أي يفكر) بل يعتمد تماما على حركاته الحسية الحركية المباشرة في توجيه سلوكه، وفي هذه المرحلة يكون الطفل متمركزا كليا حول ذاته. بمعنى أنه لا يستطيع أن يميز بين ذاته بوصفه شيئا أو كيانا ماديا وبقية الأشياء من حوله ولا بين الأشياء نفسها وانطباعاته الحسية عنها. والعالم بالنسبة له مجرد حركاته أو أفعاله هو ككيان مادي يمثل هذا العالم.

وتلي هذه المرحلة مرحلة ارتقائية جديدة هي مرحلة ما قبل التفكير الإجرائي التي تمتد من السنة الرابعة وحتى السابعة، وفيها يكتسب الطفل خاصية المعرفة كإنسان، وهي استخدامه لرموز لغوية أو غير لغوية، أي أنه يستطيع أن يفكر بعقله بعد أن كان يفكر بجسمه في المرحلة السابقة، فأشكال التفكير في هذه المرحلة تتكون أساسا من استخدام الحركات أو الأفعال، ويصبح الطفل غير قادر على التعامل مع الأشياء داخليا إلا أن هذه الأشكال من التفكير لم تصل بعد إلى أن تصبح عمليات إجرائية تتميز بالانعكاسية، ولذا تسمى هذه المرحلة ما قبل التفكير الاجرائي. وفي هذه المرحلة يكون الطفل قد تمكن من التغلب على التمركز حول الذات على المستوى الحسي الحركي مع ظهور شكل آخر للتمركز حول الذات على مستوى جديد وهو

التمركز حول الذات على المستوى النفسي والذي يظهر في فشل الطفل في التمييز بين أفكاره وأفكار الآخرين واعتقاده التام بصحة أفكاره ووجهة نظره.

أما المرحلة الارتقائية الثالثة فهي مرحلة التفكير الحسي وتمتد هذه المرحلة من السابعة وحتى نهاية الحادية عشرة، ويكون تفكير الطفل وصيغه المعرفية أكثر ثباتا وتتكون حتى كليات متماسكة من العمليات القابلة للانعكاس مما يتيح له القدرة على الاستدلال المنطقي، ويتمثل التمركز حول الذات في هذه المرحلة الارتقائية في عدم قدرة الطفل على التفريق بين الواقع والأحداث الإدراكية من جهة والاستدلالات العقلية الافتراضية من جهة أخرى. الأمر الذي يجعل الأسس التي يعتمد عليها في أحكامه وتقديراته تقوم على ما يعتقد أنه واقعي وموجود لا على ما يمكن أن يوجد بالفعل وإن كان هو لا يدركه.

أما المرحلة الارتقائية الأخيرة فهي مرحلة التفكير الصوري التي تمتد من الحادية عشرة وحتى الخامسة عشرة، وتعتبر تتويجا للنمو العقلي، وهي بمثابة حالة من التوازن النهائي التي يسير نحوها التطور العقلي منذ بدايته الأولى. وفي هذه المرحلة يستطيع المراهق أن يتعامل بنجاح ليس فقط مع عالم المحسوسات بل وأيضا مع عالم المجردات والقضايا المنطقية، ويصبح قادرا على التفكير العلمي والانتقال من الاستقراء إلى منطق الاستنباط. ويبدو التمركز حول الذات في هذه المرحلة في عدم قدرة المراهق على التمييز بين أفكاره المثالية والعالم الواقعي ولهذا يكون اعتقاده بأن العالم يجب أن يتعدل ليلائم مثالياته لا ليلائم النسق الواقعي، لأنه عندما يفكر في المجتمع الذي يعيش فيه فإنه في حقيقة الأمر لا يفكر إلا في مستقبله الخاص وطموحاته الذاتية، وتكون النتيجة الفشل في التمييز بين وجهة نظره كفرد في هذا المجتمع ووجهة نظر الجماعة التي ينبغي تعديلها أو إعادة تشكيلها.

ما هو الإدراك الحسي؟

الحواس الخمس هي النوافذ التي يطل منها الطفل على عالمه الخارجي الذي يحيط به، كما أنها الينابيع التي يستقي خبراته منها من اتصاله المباشر بها وبعناصر البيئة التي يعيش بها، والإحساس ضرب من ضروب الخبرة التي تنتقل إلى الجهاز العصبي عبر أجهزة الحس المختلفة التي تتلقى الاحساسات أو التأثيرات الحسية وترصدها وتنقلها إلى الجهاز العصبي الذي يستجيب لها بالطرق المختلفة. وقدرة الفرد على تعرف هذه الاحساسات والتمييز بينها ومعرفة درجتها وعلاقتها بالأشياء الأخرى هو الإدراك، والإدراك الحسي إذن هو الإدراك المرتبط بالحواس، ويبدأ الإدراك عندما يصبح الطفل قادرا على تمييز المدركات والاختيار بينها، أي عندما تصبح المحسوسات دلالات معينة لدى الطفل، وهكذا فالإدراك الحسي كما يصنفه الدكتور مصطفى فهمي "هو علاقة بين الكائن الحي والبيئة التي يعيش فيها وتنشأ عن طريق الجهاز العصبي والمراكز الحسية".

ويعد الإدراك الحسي أرقى من مجرد الإحساس، لأن الإدراك يضفي على الإحساس والصور الحسية البصرية منها والسمعية والذوقية والشمية المعاني والدلالات التي تتولد وتبنى بسبب اتصال الاحساسات بالجهاز العصبي المركزي. فسماع الصور الصوتية يتأثر بأعصاب الحس الأذنية، وهو إحساس وانتقال هذه الأصوات إلى الدماغ وتفسيرها وتمييزها وإسباغ المعاني من حيث الشدة والنوع فهو إدراك سمعي.

والإدراك الحسي هو وسيلة الطفل الأولي للاتصال بنفسه وبيئته وللتفاعل معها وفهم عناصرها ومظاهرها، وهو الأداء لبناء حياته العقلية المعرفية. وبسبب الإدراك الحسي تبدأ المعاني والمفاهيم في التلون لدى الطفل. وتتباين هذه المفاهيم والمعاني وتتفاوت آثارها في الفرد تبعا لمراحل تطوره وللعوامل الوراثية والبيئية

التي تؤثر في أدوات الحس والإدراك من حيث قدراتها ونضجها واستعدادها وتفاعلها ومن حيث ثراء عناصر البيئة المحيطة بالطفل.

ويستمر الطفل على طريق النمو في اكتساب المزيد من الخبرة والمهارات والمعاني والمفاهيم عن طريق تلك العلاقة بين الحس والإدراك التي تنشأ بين الفرد ومجالات حياته وأنواع نشاطه من خلال التفاعل فيها، فتنمو وتتطور وتتكيف مع البيئة أو يكيفها بحسب إمكاناته وحاجاته.

وهكذا نرى أن الإدراك الحسي يهدف ويسهم في إقامة الدعائم الأولى للمعرفة وتكوين البنى العقلية عند الفرد عن طريق التفاعل والتعلم الذي يستمر طوال حياة الطفل، أي من المهد إلى اللحد. كما يهدف إلى تيسير عمليتي النماء والتكيف عن طريق إقامة علاقات سوية ومتوازنة بين الطفل وعناصر البيئة التي يعيش فيها. وتختلف سمات الإحساس والإدراك باختلاف المرحلة النمائية التي يمر فيها الفرد.

من مشكلات الطفولة المتوسطة (5-8 سنوات) الكذب

الكذب عادة واتجاه غير سوي يكتسبه الطفل من البيئة التي يعيش فيها، وينتشر بـين الأطفـال دون سن الخامسة ويعود إلى ما يتميز به الطفل من سعة خيال وبعد عن الواقع.

والكذب في هذه السن يعتبر عرضا ظاهريا يزول بزوال الأسباب المؤدية إليه ، وهو على أنواع:

1- **الكذب الخيالي**: وهو بالنسبة للطفل نوع من أنواع التسلية ويكثر بين سن الرابعة والخامسة.

2- **الكذب الالتباسي**: ويرجع لعدم قدرة الطفل على التمييز بين ما نراه نحن حقيقة واقعة وما يدركه هو في مخيلته مثل القصص الخرافية التي يعتبرها الطفل قد حدثت فعلا، وهذا النـوع يـزول بعـد أن يكبر الطفل.

3- **الكذب الدفاعي**: وهو أكثر أنواع الكذب شيوعا، ويلجأ إليه الطفل خوفا مـن العقـاب أو الـتخلص من موقف حرج.

4- **الكذب الانتقامي**: وهذا النوع من الكذب يلجأ إليه الطفل بسبب كرهه لطفل ما أو نتيجـة لغـيرة منه.

5- **الكذب بالعدوى**: ويستعمله الطفل تقليدا لمن حوله وخصوصا الوالدين.

6- **الكذب الادعائي**: يلجأ إليه الطفل بهدف إبعاد الشعور بالنقص أو للمفاخرة بين أصدقائه.

7- **كذب طارئ (شعوري)** : يكون هذا النوع من الكذب نتيجـة لإحسـاس الطفـل بالـلذة في مقاومـة السلطة سواء أكانت مدرسية أو منزلية.

8- **كذب العقد النفسية (اللاشعوري):** يعود هذا النوع من الكذب إلى دوافع كريهة معادية للآخرين كبتها الطفل في اللاشعور، مثل الطفل الذي يكذب على مدرسيه لأنه مصاب بعقدة كراهية سلطة والديه أو بالعكس.

عوامل الكذب:

1- وجود الطفل في بيئة يلجأ فيها الكبار إلى استخدام أسلوب الكذب في تعاملهم اليومي.

2- سعة خيال الطفل وعدم قدرته على التمييز بين الحقيقة والخيال.

3- التفرقة في المعاملة بين الأبناء أو الطلاب مما يثير الغيرة والكراهية لدى إخوته أو زملائه.

4- الشعور بالنقص الجسمي مثل العاهات الخلقية أو دونية المنزلة الاجتماعية.

5- قسوة السلطة الأسرية في معاقب الأبناء.

6- إصابة الطفل بالعقد النفسية بسبب قلة النقود أو عدم توفر أدوات اللعب.

7- عدم شعور الطفل بالأمان.

علاج الكذب:

1- التأكد من نوع الدافع للكذب كي نخلص منه.

2- عدم علاج الكذب بالضرب أو التشهير أو السخرية.

3- تجنيب الطفل الظروف التي تشجعه على الكذب.

4- إشباع حاجات الطفل الأساسية (الفسيولوجية) والثانوية (المعنوية) وإشعاره بالأمن والطمأنينة.

5- إعطاء الفرص الكافية للطفل تساعده على التعبير عن ميوله ورغباته.

6- تشجيع الخيال العلمي عن طريق قراءة القصص العلمية البسيطة التي يستوعبها الطفل في هذه السن.

7- عدم إعطاء الطفل وعودا من قبل أولياء الأمور إذا كانوا غير قادرين على تنفيذها.

8- اتصاف الآباء والمربين والكبار الذين يحيطون بالطفل بالصدق.

وأخيرا احذري أيتها الأم فإن طفلك جهاز حساس لاقط وكاميرا جاهزة مستعدة للتصوير.

السرقة عند الأطفال في الطفولة المتوسطة من 5-8 سنوات .

السرقة عملية اجتماعية وتعني الاعتداء على ما يملكه الآخرون بدون وجه حق، وتعريفها مـن الناحية النفسية بأنها سلوك غير سوي صادر عن حاجة أو رغبة وتؤدي إلى وظيفة معينة، وتظهر مـا بـين سن 5-8 سنوات، ويكون الطفل في هذه السن غير قادر على التمييز بين ما يملكه هو وبين ما يملكه الآخرون.

مظاهر السرقة:

1- العدوان: السرقة عدوان من طرف السارق على ما يملكه الآخرون.

2- الخيانة: السرقة نقيض الأمانة كفضيلة من الفضائل التي يسعى المجتمع إلى تحقيقها.

3- سوء التكيف: وهو مؤشر على سوء تكيف الفرد السارق مع الآخرين نتيجة حرمان وإحباط وعـدم إشباع الحاجات.

4- سوء التوافق الاجتماعي: السرقة تحمل الفرد على الانسحاب من المجتمع لشعوره بالذنب وعـدم توافقه اجتماعيا مع الآخرين.

عوامل السرقة:

1- سد حاجة ضرورية أو إشباع ميل من المتعذر تحقيقها إلا بالسرقة مثل استئجار دراجـة أو شراء الحلوى أو الطعام.

2- إثبات الذات أمام الزملاء بأنه قادر على مجاراتهم في النفقات أو المكانة الاجتماعية.

3- الانتقام من الذين يكرههم أو يحقد عليهم كالآباء والمدرسين.

4- فقدان الشعور بالأمن والاستقرار نتيجة التفكك أو الاضطراب في الأسرة فيلجأ إلى السرقة ليلفت إليه انتباه الوالدين.

5- تقصير الوالدين وسكوتهم عن بوادر السرقة وتبريرهم الخاطئ بإن الطفل لا يزال صغيرا.

6- تأثر الأطفال ببعض الأفلام السينمائية والمسلسلات التلفزيونية التي تظهر اللص بمظهر البطل الذي يتمتع بالقوة، فيأخذ منه الطفل قدوة له لعدم وجودها في البيت أو المدرسة.

7- سوء التربية الأسرية التي لم تعود الطفل احترام ملكية الآخرين، أو تخليصه من الأنانية الزائدة التي تدفعه للحصول على كل شيء ولو كان ملكا للآخرين.

علاج السرقة:

1- أن نقف على أسباب السرقة ودوافعها والغاية التي تحققها .

2- أن نعمل على عدم تمكين الطفل من جني ثمار السرقة.

3- احترام ما يمتلكه الطفل كي نعلمه احترام ما يملكه الآخرون.

4- تعزيز القيم والمعايير الاجتماعية والدينية والأخلاقية عند الطفل وذلك بإعطائه القدوة في سلوك الآباء والمدرسين.

5- مراقبة وتوجيه الأبناء إلى الأفلام والمسلسلات التي يشاهدونها.

6- تجنب إشعار الطفل بالإذلال والمهانة وتشجيعه على مواجهة المشكلة بصراحة حتى يتغلب عليها. وليكن معلوما أن إطلاق صاروخ إلى الفضاء الخارجي أسهل بكثير من تربية الطفل لأن انحراف الصاروخ عن مداره يعني تفجره في الفضاء أو على اليابسة بينما انحراف سلوك الطفل يعني جلب الذل والمهانة له ولأسرته وللمجتمع الذي يعيش فيه.

يجب أن تكون برامج تربية الطفل ملبية للفروق الفردية وحاجاته النمائية

على واضعي المنهاج لتربية وتعليم الأطفال أن يأخذوا بعين الاعتبار الفروق الفردية والحاجات النمائية لهم. لذا يتوجب عليهم تفهم هذه الفروق ودراستها سواء أكانت عقلية، نفسية، اجتماعية أو تحصيلية، بحيث تساعد المعلم والمربي على تكييف المناهج وطرق التدريس كي تتلاءم مع استعدادات التلاميذ وحاجاتهم وقدراتهم في كل مرحلة من مراحل النمو والتعليم، بمعنى أن المدرسة في برامجها يجب أن تتفق مع خصائص الأطفال، وأكثر ما يتضح مثل هذا التوافق في الأمور التالية:

1- التدرج: بحيث تكون المناهج المدرسية منطقية وتتلاءم مع قدرات الأطفال العقلية واستعدادهم لتقبل عرض المواد الدراسية. بحيث تتدرج من السهل إلى الصعب ومن القريب إلى البعيد.

2- التركيز على المعلومات الحسية بدلا من المعلومات المجردة، لأن الطفل في مراحل التعليم الأولى يتعلم عن طريق الحواس.

3- أن تتلاءم الأدوات الرياضية مع سن الأطفال وميولهم حيث تراعى الفروق الفردية بينهم.

4- أن يكون القائمون على تربية الأطفال مؤهلين تربويا وعلى دراية تامة بعلم نفس الطفل وخصائصه، لأن لكل مرحلة نمائية خصائصها ومميزاتها.

5- أن ترتبط المادة الدراسية ارتباطا وثيقا بالبيئة التي يعيش فيها الطفل كي تكون ملبية لاستعداده، وملائمة لتطوره.

6- أن يكون البناء المدرسي وجميع مرافقه متوافقة مع نمو الأطفال وقدراتهم وأحجامهم الجسمية.

7- أن تكون المقاعد الدراسية والألواح ملائمة في حجمها وارتفاعها لسن الأطفال وأطوالهم.

8- أن يتوفر في المادة والمناهج الدراسية المشوقات والمثيرات والمحسوسات التي تشجع عملية التعلم والتعليم واستخدام المعززات.

9- الاتصال مع أولياء أمور الطلاب لمعرفة المربين الشيء الكثير عن الأطفال كما أن الفرصة تسنح للوالدين للاطلاع على مشكلات أطفالهم ومساعدة المعلمين والمربين في حلها.

لن تكون تربية الطفل مجدية ما لم تكن العلاقة وثيقة بين البيت والمدرسة، لأن هناك الكثير من الأمور التي يشترك فيها الاثنان من أجل تحقيقها حيث يكمل كل منهما الآخر. ويسهمان في خلق شخصية الطفل المتكاملة وبشكل متواز كي يعيش الطفل لنفسه ووطنه وأمته.

البيئة التعليمية وحرية الحركة واللعب
في مرحلة الطفولة المتأخرة

تتصف مرحلة الطفولة المتأخرة بحيوية متدفقة في النشاط الجسمي والحركي، ويرجع ذلك إلى عدة عوامل يأتي في مقدمتها بطء عملية النمو وعملية استنفاذها لجانب كبير من طاقة الطفل، وتطلعه لفهم العالم من حوله فهما يقوم على الحركة والاتصال المحسوس بعناصر هذا العالم. ولهذا ينبغي تنظيم حجرات الدراسة تنظيما يسمح بحرية الحركة للأطفال، ويجب أن تهيأ الأنشطة التعليمية التي تسمح للأطفال باستخدام النشاط الجسمي قدر الإمكان، كما يجب ألا يطلب من الأطفال أن يجلسوا هادئين منصتين إلا عندما يكون هناك هدف تعليمي يستلزم هذا الهدوء والإنصات، كالكتابة أو الاستماع إلى تلاوة أو سرد قصة. ويرى البعض إن المعلم الذي يبالغ في الحد من النشاط الحركي للأطفال ويقيد حركتهم، إنما يترك في نفوسهم أثرا سيئا وسلبيا، كذلك الذي يبالغ في ترك الحبل على الغارب لهم دون توجيه أو حساب.

وفي تنظيم الجدول المدرسي وتوزيع الحصص ينبغي أن تراعي حاجات الأطفال. وخاصة في المرحلة الابتدائية الدنيا، إلى ممارسة النشاط الحركي. ولا ينبغي الاكتفاء بحصص الرياضة البدنية والرسم والأشغال اليدوية بل ينبغي الالتفات إلى ذلك حتى في حصص اللغة العربية والرياضيات، والدراسات الاجتماعية والعلوم وغيرها من المعلومات التي تتطلب نشاطا ذهنيا.

ويكون النشاط الذهني نفسه أكثر جدوى عندما يكون نشاطا لأيدي الأطفال وأجسامهم، وفي هذه السنوات يكون ذكاء الطفل عمليا، فهو يفكر بيديه ولسانه أكثر مما يفكر داخليا بعقله، ولكن ينبغي أن لا ننسى أن تكون ألوان النشاط التي نخططها للطفل في مثل هذه المواقف هادفة وبناءة.

ويعد النشاط الحركي واللعب عاملا تربويا هاما في تطورهم وتقدمهم نحو النضج الجسمي والاجتماعي، فهو يسهم في بناء أجسامهم وفي تنمية توافقهم الحركي، وهو مجال واسع لتفريغ طاقاتهم الجسمية والانفعالية الزائدة، ولإشباع حاجاتهم للحرية والحركة والمخاطرة والنجاح والتقدير.

وينصح المربون بضرورة توفير صفات اللعب كالحرية والمتعة في ألوان النشاط التعليمي لأطفال مراحل الطفولة جميعها (مبكرة - متوسطة - متأخرة) كي تساعدهم على تحقيق تعلم ممتع ونمو سوي. فالألعاب التربوية الحركية والتمارين الرياضية وعمل النماذج والزيارات والرحلات الميدانية للبيئة تعد جميعها أساسية في النمو الحركي والاجتماعي والعقلي والانفعالي للأطفال، وينبغي تشجيعها واستغلالها من قبل المربين.

يعتمد النمو الحركي على الصحة والنضج، كما يعتمد على التعليم والتدريب في حالة المهارات السهلة أو المعقدة. وتوفير الفرص المناسبة كي يتعلم الأطفال المهارات الحركية.

الخوف من مشكلات الطفولة المتأخرة

(12-9)

الصحة النفسية حالة دائمة نسبيا يكون فيها الفرد متوافقا نفسيا وانفعاليا واجتماعيا مع نفسه ومع البيئة التي يعيش فيها، ويكون قادرا على تحقيق ذاته واستغلال قدراته وإمكاناته، ويكون كذلك ذا شخصية متكاملة سوية، كما يكون قادرا على مواجهة مطالب الحياة، ويستطيع معرفة مشكلاته وتحديدها وتفسيرها وضبطها وتحويلها من مشكلات تسيطر عليه إلى مشكلات يسيطر عليها.

إلا أن البعض قد تعترضهم بعض المشكلات التي تعتبر مصدر ضيق له ولوالديه ومربيه، فمص الإبهام مثلا يعد سلوكا عاديا بالنسبة للرضيع ولكنه مشكلة سلوكية بالنسبة لطفل عمره خمس سنوات.

ومن مشكلات الطفولة المتأخرة السلوكية النفسية (الخوف) وهو عبارة عن رد فعل انفعالي تثيره المواقف الخطرة، لذلك يعتبر الخوف استجابة للتهديد بالأذى وردة فعل لخطر وشيك الوقوع، ولكن إذا تعدى الخوف مداه الطبيعي أصبح مرضا يعرقل السلوك ويقيد الحرية.

ومن الجدير معرفته أن الخوف متعلم مكتسب، وله ارتباط كبير بين مخاوف الأطفال ومخاوف والديهم، كما أنه استعداد غريزي أوجده الله عز وجل في البشر إذ يدفعنا إلى حماية أنفسنا وتجنب ما هو ضار، فلولا الخوف لما ابتعدنا عن النار التي تحرق، وعن الحيوان الذي يفترس والمرض الذي يعدي أو يقتل، وعن الأماكن الخطرة التي تؤدي إلى السقوط أو الأذى أو التشوه.

والخوف نوعان: الخوف الطبيعي الذي يدفع الإنسان إلى الحذر والحيطة تجنبا للضرر، والخوف غير الطبيعي وهو المتكرر الوقوع من الأشياء الضارة، وعلى سبيل المثال إذا وجدنا طفلا في الثالثة من عمره يخاف من الظلام فهذا الخوف عادي، أما إذا خاف ابن السابعة من عمره من الظلام أو من القطط والكلاب فهذا

الخوف غير عادي لأنه يضر بشخصية الفرد وسلوكه، ويصبح الخوف بهذا نقطة ضعفه ومصدر قلق له في حياته.

وقد فصل عالم النفس (ايزنك) أسباب الخوف في سبع فئات:

1- الخوف من الأماكن الخطرة كركوب الطائرة أو الخوف من المياه العميقة.

2- الخوف من النقد الاجتماعي أي من نقد الناس أو الفشل أو تحمل المسؤولية.

3- الخوف من الحيوانات كالأفعى والقطط والعناكب.

4- الخوف من الموت أو الأذى كمشاهدة الجروح أو العمليات الجراحية أو حوادث السيارات.

5- الخوف من الظلام والشعور بالوحشة أو العزلة.

6- الخوف من الانتحار أو العذاب في الآخرة.

7- الخوف من مشاعر العداوة لدى الآخرين كالخوف من التشاجر أو من حاملي السكاكين.

وللخوف مظهران:

1- المظهر الفسيولوجي الذي ينشأ عنه إحساسات ومشاعر مختلفة تظهر على ملامحه مثل سرعة خفقان القلب، وجع المعدة، الرعشة، تصبب العرق، الإغماء، القيء، الإسهال، التبول اللاإرادي.

2- المظهر السلوكي ويتمثل في اضطراب شخصية الفرد كالتهته في الحديث، الحركات العصبية؛ النوم المضطرب، الانكماش عند النوم، الخجل، شدة الحرص أحيانا والتهاون والاستهتار أحيانا أخرى، عدم القدرة على التفكير والتردد وعدم الإقبال على عمل من الأعمال.

وعلاج الخوف: يبدأ بتحديد سببه لأنه يزول بزوال أسبابه. ولما كان الخوف مكتسبا من البيئة فيجب على الآباء والمربين عدم إظهار مشاعر الخوف أمام الأطفال،

وعدم تخويفهم من الغول أو الظلام أو الحيوانات، وإذا خاف الطفل من تناول الدواء على الأم تشجيعه.

أما إذا كان الخوف ناشئا من مخاوف لا تدرك حسيا من قبل الأطفال كالغول أو الشياطين أو الحيوانات المفترسة أو القصص المخيفة التي تقص عليه أثناء النهار أو قبل النوم، فإن الأمر يتطلب عدم إثارة مثل هذه الموضوعات. أما إن كان الخوف ناشئا من مخاوف موجودة كالموت فإنه يتوجب على الآباء شرح حقيقة الموت بشكل يتناسب وعقل الطفل وخبراته، ومن الضروري السماح له بالحديث عنه وعدم كبته حتى لا يصدم صدمة عنيفة تنشأ عند وفاة أحد الوالدين أو المقربين له الذين يكن لهم محبة خاصة.

التأخر الدراسي من مشكلات الطفولة المتأخرة (9-12)

التأخر الدراسي مشكلة تربوية اجتماعية يعاني منها الآباء والمعلمون سواء في المنزل أو المدرسة.

وينتج التأخر الدراسي عن صعوبات تعلمية تواجه بعض التلاميذ بحيث يكون التلميـذ المتـأخر دراسيا دون مستوى أقرانه ممن هم في سنه من حيث التحصيل الدراسي، أو يكون تحصيله أقل مـن مسـتوى ذكائه العام.

والتأخر الدراسي أنواع: فمنه ما هو عام يشمل جميع المواد الدراسية، ومنه ما هو خـاص بمـادة معينة، ومن مظاهره:

1- تكرار الرسوب في مادة دراسية أو أكثر.

2- الهرب من المدرسة وكراهيتها والخوف منها.

3- شرود الذهن والاستغراق في أحلام اليقظة

4- الاستكانة والشعور بالخجل والنقص وعدم الثقة بالنفس.

5- ممارسة السلوك العدواني ضد الآخرين كتعويض عما أخفق فيه الفرد.

عوامل التأخر الدراسي:

يمكن تصنيف العوامل التي ينتج عنها التأخر الدراسي إلى عوامل ثلاثة وهي:

1) **عوامل تتعلق بشخصية الفرد، ومن هذه العوامل:**

أ. العامل العقلي الذي يتعلق بمستوى ذكاء الفرد ويعتبر هذا العامل من أقوى عوامل التأخر الدراسي وأكثرها ارتباطا بالقدرات اللغوية والحسابية.

ب. العامل الجسمي الذي يتعلق بالحالة العامة للتلميذ مثل اضطراب النمو الجسمي، وضعف البنية، والصحة العامة التي تؤدي إلى نقص عـام في حيويـة التلميـذ وعـدم مقدرتـه عـلى بـذل الجهـد في التحصيل الدراسي، أو عاهات

جسمية كضعف البصر وطوله وقصره، وعمى الألوان، وضعف السمع، أو الاضطراب في الكلام الذي يصيب اللسان وأجهزة النطق، والتي تعرض التلميذ إلى الاستهزاء والسخرية مما يعيق إنجازه التحصيلي وتحول دون استيعابه لدروسه.

ج. العامل الانفعالي ويرجع إلى الحالة النفسية للتلميذ وتتمثل في ضعف الثقة بالنفس واليأس الذي يصيبه، أو كراهيته لمادة من المواد الدراسية.

2) عوامل تتعلق بالمدرسة، ومن هذه العوامل:

• سوء توزيع التلاميذ على الصفوف والمتمثل في مراعاة التناسق والتجانس بينهم، فيجد المعلم نفسه أمام مجموعتين من التلاميذ: مجموعة سريعة التعلم وأخرى بطيئة التعلم. وهذا يحرم بطيء التعلم من العناية والاهتمام.

• عدم انتظام التلميذ في الدراسة، فتأخر التلميذ وغيابه يجعله أكثر عرضة للتخلف الدراسي.

• كثرة تنقل المعلمين وعدم استقرارهم يحول دون معرفتهم الجيدة بالتلاميذ ومشاكلهم الدراسية.

• ضعف العلاقة بين التلميذ والمدرسة وإهمال المدرسة لميول التلاميذ واستعداداتهم، وعدم إلمامها بالفروق الفردية بينهم سواء في نشاطاتها أو طرق تدريسها أو مناهجها.

3) العوامل المنزلية التي تؤثر في التأخر الدراسي:

• مستوى الأسرة الاقتصادي: يعد فقر الأسرة من العوامل المساعدة على التخلف الدراسي، فسوء التغذية، وتكليف التلميذ بالقيام ببعض الأعمال خارج المنزل لمساعدة الأسرة اقتصاديا يبعده عن القيام بواجباته الدراسية.

• مستوى الأسرة الثقافي: يؤثر مستوى وعي الأسرة وتعلمها في التخلف الدراسي، فالأسرة المتعلمة على عكس الأسرة الجاهلة تهتم بمواظبة التلميذ

على الدراسة، وتعتني بأدائه لواجباته، وتوفر له جوا مناسبا لاستذكار دروسه.

- العلاقات الأسرية: تؤثر العلاقات التي تسود بين الوالدين من جهة وبين الأبناء من جهة أخرى على التحصيل الدراسي، فالحياة الأسرية المضطربة وكثرة المشاحنات بين الوالدين، أو استبدادهما في معاملة الأبناء يولد جوا من القلق والاضطراب المؤثر في حياة التلميذ في المدرسة.

علاج التأخر الدراسي:

إن مشكلة التأخر الدراسي لا يجوز معالجتها على أنها ظاهرة واحدة، ولكن يجب معالجتها على أنها نتيجة واحدة لأسباب عديدة كما ذكرنا سابقا، والعلاج يتوقف على علاج أسبابها:

1- إذا كان السبب يرجع إلى ضعف الحالة الجسمية وجب معالجته طبيا.

2- إذا كان السبب يرجع إلى الحالة الانفعالية أو النفسية للتلميذ وجب الاستعانة بالمرشدين التربويين أو النفسيين.

3- أما إذا كان السبب يرجع إلى المدرسة فعلى المدرسة أن تعيد النظر في أساليبها وإجراءاتها لمعالجة هذه المشكلة.

4- وجوب التعاون بين المدرسة والمنزل لتوعية الآباء بالأسلوب الصحيح في التعامل مع أبنائهم، والتنسيق بينهم وبين المعلمين في مساعدة التلميذ على النجاح وتوفير أسبابه.

مسارات تطور نمو الطفل اللغوي

إن التطور اللغوي من أهم الموضوعات في دراسات تطور لغة الأطفال، وتعود هذه الأهمية إلى الدور الهام الذي تلعبه اللغة في حياة الفرد الاجتماعية، وإلى السرعة المذهلة التي تتطور بها قدرات الطفل اللغوية.

يقول علماء نفس اللغة: إن اللغة لا يمكن أن تتطور وتأخذ شكلها المألوف بين الناطقين بها بدلالات التقليد والتعزيز والعقاب وحدها، بل بالنضج البيولوجي الذي يلعب دورا هاما جدا في اكتساب اللغة وتطورها.

ويقول الرأي السائد: إن اكتساب اللغة يبدأ عندما ينطق الطفل كلماته الأولى، لكن الوقائع تشير إلى أن الأطفال يتعلمون معاني الأحداث أو الكلمات المنطوقة في الفهم قبل أشهر عديدة من تطور قدرتهم على النطق بكلماتهم الأولى.

وتشكل الكلمات ذات المعنى وحدات اللغة الأساسية، إذ تتكون من أصوات ساكنة ومتحركة يستجيب لها الطفل في الأسابيع الأولى من حياته، بحيث يستطيع تحريك رأسه نحو مصدر الصوت، كما يستطيع تمييز الأصوات، وعندما يبلغ شهره الثالث أو أقل يكون قادرا على تمييز صوت أمه من بين أصوات أنثوية أخرى.

ويصدر الأطفال بدءا من ميلادهم أصواتا بكائية وصراخا تتمكن الأم من تمييز نوعيتها، وتحديد ما إذا كانت ناتجة عن جوع أو ألم أو بلل أو خوف.

يبدأ الأطفال في الشهر الثاني أو الثالث مرحلة (البأبأة) وتتكون من أصوات ساكنة أو متحركة لإنتاج مقطع واحد مثل (إب) أو (إم) أو(إد)، ومع استمرار نموه وحتى الشهر الرابع يصدر أصواتا من مقطعين مثل (با)، (ما)، (دا)، ويستمر كذلك في النمو حتى يبلغ شهره الثامن فينطق كلمة واحدة مثل (بابا)، (ماما)، (تاتا). وحسب الفروق الفردية بين الأطفال فبعضهم ينطق كلمته الأولى في الشهر العاشر أو الثاني عشر نتيجة عمليات التعزيز والتعلم.

ويبدأ الأطفال قبل ظهور اللغة الحقيقية بالتواصل مع الآخرين من خلال التحديق فيهم والإشارة إلى الشيء الذي يشبع حاجاتهم، وإذا أراد الطفل أن يعبر عن حاجته إلى الطعام يحدق في وجه أمه ويشير بيده نحو المطبخ أو المكان الذي يوجد فيه ما يشبع حاجته.

ويسود كلمات الأطفال الأولى بعض الأصوات الساكنة والمتحركة مثل الباء، التاء، الميم، النون، الألف، الواو، الياء.

ويستطيع الطفل العادي أن يكتسب حوالي خمسين كلمة فيما بين الشهر الخامس عشر ونهاية السنة الثانية .

وتشير هذه الكلمات عموما إلى الأشياء المألوفة في بيئته مثل سيارة، كرة، ولعبة، كما تشمل الأشخاص المهمين في حياته مثل بابا، ماما، دادا، وكذلك الأطعمة المحببة إليه مثل الحليب والبسكوت والشوكلاته، أو تشير إلى بعض موجودات المنزل مثل ساعة، ضوء، أو تشير إلى بعض الملابس مثل حذاء، قميص، بيجاما، أو إلى بعض أجزاء الجسم مثل رأس، يد، عين، رجل.

إن ظهور الكلمات الأولى يرتبط اساسا بالحركة التي يستطيع الطفل معالجتها يدويا، أو ممارسة أفعال ونشاطات معينة فمثلا كلمة ماما مرتبطة بسلوك يشبع حاجاته مثل احتضانه أو إطعامه، وينطق بكلمة سيارة من خلال ملاحظته سيرها وحركتها وكذلك كلمة كرة.

لا يمكن فهم مقاصد الطفل على نحو تام من خلال الكلمة الواحدة إلا من خلال السياق الذي ينطق به هذه الكلمة، فمثلا كلمة (ماما) فقد يكون جائعا ويريد طعاما، أو إنه سئم ويريد الخروج من المنزل أو اللعب. ويتوقف ذلك على وضع الطفل وحالته وعلى مدى قدرة الأم على فهم هذا الوضع، علما ان الطفل يستخدم بعض الإشارات التي تسهل على الراشد فهم طلباته وتفسير مقاصده.

وفي حوالي السنة الثانية يبدأ الطفل بتكوين جملة مكونة من كلمتين ونطقهما معا مثل (ماما أكل) ، (بابا سيارة)، (دادا لعبة) و(بابا شغل). ومن خصائص هذه المرحلة: مرحلة الكلمتين خلوها من الأفعال وحروف الجر والعطف، وعدم التطابق بين التذكير والتأنيث، والخلط بين المتكلم والمخاطب والغائب.

ومع تطور نمو الطفل في السنة الرابعة والخامسة إلا أنه يعجز عن تحقيق المستوى اللغوي للراشدين، ولكنه يستخدم الأسماء الاستفهامية مثل ماذا، أين ومتى، ويصبح قادرا على تصريف الأفعال: ماض، حاضر، ومستقبل، وحسب الجنس: مذكر ومؤنث، وحسب العدد مفرد ومثنى وجمع: متكلما أو مخاطبا أو غائبا، كما يصبح قادرا على استخدام حروف الجر وأسماء الموصول.

ولا يتمكن الطفل من فهم بعض القواعد اللغوية إلا في السنوات التالية كاستخدام أدوات الشرط واشتقاق الأسماء من الأفعال، والتمييز بين الكلام المباشر وغير المباشر، والمبني للمعلوم أو المجهول.

ومع بلوغ الطفل مرحلة المراهقة وبتأثير التعليم المدرسي وغيره يطرأ تحسين كبير على لغته فتنمو حصيلته اللغوية على نحو مدهش، وتزداد جمله طولا وتعقيدا، ويتمكن من ربط جمل عديدة للتعبير عن أفكار معقدة ومترابطة.

الطفل بين الانتماء والاغتراب

يؤكد علماء التربية أن اغتراب الإنسان عن البيئة المحيطة به وعدم حدوث التكيف الاجتماعي السوي بينه وبين أقرانه والمحيطين به قد يدفعه إلى الانحرافات السلوكية، وفي مقدمتها إدمان المخدرات وتعاطي المشروبات الروحية، أما الانتماء الذي يمثل الوجه الآخر للاغتراب فيتحقق بعدة عوامل مؤثرة ومنها: التعرف والتواصل والتعزيز، ويبدأ منذ الطفولة المبكرة بين الطفل وأمه ثم تمتد إلى باقي أسرته، ثم يبدأ الانتماء للمدرسة التي لا بد أن تشكل مناخا مريحا للطفل يقربه من زملائه ومدرسيه دون الإحساس بالخوف والقلق حتى يتعود على المدرسة ويتحقق انتماؤه إليها بشكل قوي.

ولكن الانتماء الأكبر للوطن يتطلب تربية قومية للطفل منذ صغره بربطه بحضارة وتراث وطنه حتى يتعايش مع أحداثه والمتغيرات العديدة التي تمر به، وإلا وقع الطفل والشاب في المستقبل فريسة للاغتراب الذي يدفعه للارتباط ثم الانتماء لوطن بديل. لا يوجد اغتراب مطلق إلا في الحالات المرضية لأنه عندما يغترب الإنسان فإنه يبتعد عن ظاهرة ما، وينتمي إلى ظاهرة أخرى. والانتماء ظاهرة نفسية تنشأ وتتطور وتتحقق لدى الإنسان كحاجة ونتيجة لمجموعة من الارتباطات المباشرة والضمنية مع الظاهرة التي ينتمي إليها.

إن الانتماء كحاجة نفسية يتضمن مجموعة أخرى من الظواهر النفسية مثل التعرف، والاتصال، وتعزيز التواصل، والحب، وهي في أرقى درجاتها تمثل نوعا من الاندماج مع الظاهرة، فالطفل ينتمي إلى أبويه وأسرته منذ نعومة أظفاره لأنه يتعرف عليهما أولا ثم على سائر أفراد أسرته، ثم تحدث عملية التواصل وإشباع الحاجات النفسية، وتعزيز هذا الإشباع بأشكال وأنماط مختلفة تعزز حاجة الطفل إلى الانتماء مع أسرته وأبويه، ومن الطبيعي إذا ما فقد الطفل بعض مظاهر الإشباع والتواصل الإيجابي يبدأ شعوره بالانتماء بالاهتزاز والقلق، وعندما نتحدث عن انتماء

الطفل إلى مدرسته أو معلمه أو مجموعة رفاقه في الفصل فإن هذا يتضمن تعرف الطفل على هذا الوسط والمحيط الذي يوجد فيه، وأن يتواصل جيدا معه، وأن يحدث نوع من التعزيز نتيجة لهذا التواصل، وإذا فقد الطفل هذا التعزيز فإنه يتعرف على أشياء أخرى تشبع رغبته ويتواصل معها، ويتلقى تعزيزات منها وبالتالي فإنه يغترب عن فصله ومدرسته وينتمي إلى ظاهرة جديدة.

وعندما نتحدث عن الوطن فإن الإنسان من خلال تفاعله مع من يحيطون به يتعرف أولا ثم يتواصل ثانيا ثم يعزز هذا التواصل ويتحقق له الإشباع فيشعر بالانتماء، وإذا فقد التعرف أو التواصل أو التعزيز فإنه يتعرف ويتواصل مع ظواهر أخرى قد تكون ثقافة غريبة عنه أو مجتمعا آخر أو دولة أخرى.

وانتماء الطفل لأسرته منذ الطفولة المبكرة في التواصل الإيجابي بينه وبين أسرته يحقق الإشباع النفسي، والتواصل المشبع والمعزز الذي يشبع حاجة الطفل إلى الأمن، وحاجته إلى أن يحب وأن يكون محبوبا من أقرانه ومدرسيه، وأن يكون له مكان مريح ولائق لا يشعر فيه بالقلق والاضطراب أو الخوف وعدم الطمأنينة، ولذلك فإن لكل من الأسرة والمدرسة دورا كبيرا في تعزيز شعور الانتماء إلى الوطن، كما أن للإعلام وأجهزته دورا كبيرا في تحقيق هذا الهدف من خلال تأصيل مفهوم الوطن عند الطفل ليشعر أنه ينتمي إلى تراب له في وجدانه قيمة كبيرة.

وغالبا ما يشعر الإنسان بالوحدة عندما يتواجد وسط أسرة ليس لديه شعور بالانتماء لها فإنه يتركها هاربا من المنزل لكي يرتبط بمجموعة من رفاق يشعر بالانتماء إليها أقوى من انتمائه إلى عائلته ومنزله.

ظاهرة الخجل وأسبابه

يعتبر الخجل ظاهرة طبيعية تظهر في فترات معينة من العمر وتحت ظروف خاصة في حياة الإنسان وخصوصا في فترتي الطفولة والمراهقة، ففي فترة الطفولة نلاحظ أن الأطفال يمرون بفترة من الشعور والإحساس بالخجل وخاصة من الاختلاط بالغرباء.

وخلال فترة المراهقة يظهر على المراهق الخجل بسبب بعض المشاعر التي يتعرض لها في هـذه المرحلة من النمو، ويرجع ذلك إلى التغيرات الفسيولوجية والجسمانية التي تسبق فترة البلوغ بسبب نشاط الغدد الصماء، وهذا النشاط له آثاره في زيادة الحساسية والشعور بالخجل عند المراهقين.

نرى من ذلك أن سلوك الفرد يتسم بالخجل في مراحل معينة مـن النمو ولكنـه يتخلص منـه بتفاعله الاجتماعي واندماجه مع المجتمع الذي يعيش فيه، إلا أنه يلاحظ استمرارية الخجل كوسيلة للهروب من المواجهة والاحتكاك بالحياة الاجتماعية.

يعتبر استمرار هـذه الظاهرة شـاذا وخاصة إذا وصلت الدرجـة بالفرد إلى الميـل والرغبـة في الابتعاد عن الحياة الاجتماعية العادية. والخجل من السلوكيات الخطيرة التي تصيب الإنسان وتتسبب في انطوائه وبعده عن الناس، وعدم القدرة على المعاشرة والمخالطة، ويصبح الفرد الخجول كثير التردد، يهاب المواقف والمجابهة، سريع الارتباك ، فاقد الثقة بنفسه، يلازمه الخوف دائما، لديه شعور بـالنقص، مشغول بنظرات الناس ورأيهم فيه. **وللخجل أسبابه الجسمية والنفسية:**

أما **العامل الجسمي:** كأن يكون الفرد مصابا بعاهـة وتشـوه أو يعـاني مـن سمنة شـديدة أو ضعف وهزال، وهذه تعرضه للشعور بالنقص وعدم ثقته بنفسه.

أما العامل النفسي: حيث تلعب ظروف التربية والتنشئة الاجتماعية دورا هاما ومؤثرا، إذ تخضع نفس الفرد لصراعات متعارضة تجعله في حالة قلق واضطراب، قليل الانتباه، وتختلط عليه الحقائق، ويحرص دوما على سماع عبارات الثناء في كل مناسبة، وتلعب مرحلة الطفولة دورا هاما، فالطفل يتأثر بما يسمعه من كلام الأقارب والمعارف عن خجله وضعفه وعجزه أو قصر قامته، وهذه الأقوال تترسب في مخيلته وتتحول مع الأيام إلى ذكريات، يرى من خلالها نقصا وعجزا في نفسه وقدرته ويؤدي به ذلك إلى أن يتخذ من الانطواء والعزلة وسيلة للهروب من مواجهة الناس.

وللخجل أعراض يمكن تلخيصها في الآتي:-

1. العزلة والبعد عن الناس: لأنه يعتقد أن جميع الناس يتتبعونه ويراقبونه كي يكتشفوا عيوبه ويجدوا فيه ما يجعلهم يسخرون منه أو يتهكمون عليه.
2. الغيرة والحسد: فالفرد المصاب بالخجل يحقد على الآخرين ويغار منهم ويحسدهم.
3. استجداء استحسان الآخرين: الفرد المصاب بالخجل يتطلع بشوق لسماع عبارات الثناء والمديح.

وفي جميع الحالات يتقوقع المصاب بالخجل على نفسه ويقسو على ذاته بتهويل العيوب ويميل إلى الاستهانة بقدراته.

وهناك بعض النصائح للتخلص من الخجل:

1. على الخجول أن يواجه المواقف بشجاعة وأن يبتعد عن الهروب والانسحاب.
2. عليه أن يكون أكثر ثقة و إيمانا بنفسه.
3. عليه أن يتقن عمله سواء أكان عاملا أو طالبا، وأن يسعى إلى النجاح والتفوق كي ينال إعجاب الآخرين من رؤساء ومربين.

4. عليه أن يبتعد عن الكسل والتراخي ويكثر من النشاط المستمر والحركة الدائبة حتـى لا يصـاب بالفشل في التوافق الاجتماعي.

5. أن يتخلص من عقدة الشعور بالنقص وبمساعدة الآخرين المتخصصين في البحـث عـن مسـببات هذا الشعور.

6. أن يعرف الفرد أن الخجل ظاهرة طبيعية مؤقتة سوية في فترة ما قبـل سـن العشرـين وتنتهـي عند تمام النضج.

الإحباط يثير السلوك العدواني

عند الأطفال

تقوم الفرضيات الإحباطية الشائعة أن العدوان هو رد الفعل الحتمي والغالب للإحباط، وعلى الرغم من عدم وجود اتفاق عام على تعريف الإحباط إلا أن معظم الباحثين وأصحاب النظريات قد اتفقوا على أن الحوادث المحبطة تغلق سبل تحقيق هدف السلوك الفردي وتهدم احترام ذاته، أو تحرمه من الفرص التي تساعده على إشباع بعض دوافعه البارزة. **ومصادر الإحباط ربما تكون:**

1. عوائق خارجية مفروضة تمنعه من تحقيق هدف مهم.

2. صراعات داخلية بين استجابات متعارضة.

3. الشعور بالرفض أو القلق الذي يمنع متابعة الأهداف المهمة.

أي أن الحدث يمكن اعتباره إحباطا إذا كان بالواقع يزعج الطفل أو يغضبه أو يقف حجر عـثرة في تحقيق هدف مهم.

لقد قام فاول "FAWL" بمراقبة دقيقة للحوادث التي تمر في حياة الأطفال اليومية داخل البيت والحضانة والملاعب كالتدخل في شؤونهم بشكل مزعج، وقد لاحظ أن 90% مـن أطفال الحضانة يثورون إذا عارضهم أحد البالغين في نشاطاتهم الممتعة، أو فقدوا أحب الألعاب لديهم، ومـدة اسـتمرارية الاضطرابات في ردود الفعل لا تتعدى دقائق معدودة لأن منع تحقيق هدف الطفل يثير حفيظته مـن جـراء مصـادر التـدخل من قبل الكبار.

يجب أن لا يغيب عن البال أن الأطفال يختلفـون فيـما بيـنهم بالنسـبة لاستجاباتهم لتـدخل معـين محبط، فمثلا طفل يعتمد اعتمادا كليا على والدته يشعر بكثـير مـن الإحباط في فتـرة غيابهـا ممـا يتسـبب في انعزاله عن الآخرين، وهذا النوع من الأطفال أكثر ما يكونون كسالى ويشعرون بالإحباط من سيطرة طفل آخر على نشاطاتهم الاجتماعية، بينما طفل آخر أكثر اعتمادا على والدته لا يشعر بالانعزاليـة فقـط لغيـاب والدتـه بل

-157-

يشعر بإحباط شديد من طفل آخر يظهر سيطرة على أرض الملعب. لقـد أوضـح سـيرز "SEARS" أن بعـض الأطفال يجدون السلوكات العدوانية تخفف الكثير من الإحباط فمثلا نرى طفلا صغيرا يضرب بيديه ورجليـه إذا حمله أحد الأفراد بطريقة لا تريحه، ويجد من جراء ذلك راحة تخفف الكثير من إحباطه ولكن اسـتجاباته العدوانية قد تتسبب في كثير من الألم للفرد الذي كان مصدرا للإحباط.

أن هذا الارتباط بين إحداث الألم في الآخرين وتخفيف الإحباط يساعد الأطفال على تعلم تكـرار الارتباط.

وقد افترض فيشباخ "FESH BACH" أن العدوان نابع مـن تعـريض الطفـل المسـتمر لسـلوكات تشير إلى أن إيذاء الآخرين هي الاستجابة المناسبة حين يشعر الطفل بالإحباط، وهذا هو الارتباط بين الإحباط والسلوك العدواني.

وتظهر السلوكات العدوانية من تأثير الإحباط بأشكال مختلفة مثل الجدل والتـوبيخ والتهديـد والوعيد والانعزال والرفس والضرب.

الخيال في رسوم الأطفال مدخل
إلى دنيا الواقع

بدأت معارض فنون الأطفال تظهر كفن مستقل منـذ عـام 1922، واحتـل النقد الفني لهـذه الأعمال مجالا واسعا على صفحات الصحف والمجلات، وظهرت التعليقات الفنية تملأ الأسماع عـلى أن أعـمال الأطفال الفنية تعكس شخصيتهم وتشاركهم في محاولاتهم لإيجاد حلـول لمشـاكلهم، وتـترجم بصـدق كـل مـا يدور بداخلهم، وتعطي لنا صورة صادقة عن أفكارهم التي تستقر في خيالهم.

إن التربية عن طريق الفن والاهتمام بها عند الطفل مكننا من دراسة وفهم فنون الأطفال التـي هي نتاج عالم الخيال المتوفر لديهم والمعدوم عند البالغين في عالمنا.

ومن دراسة فنونهم نجدهم يرسمون ويعبرون عـما يفهمـون وليس عـما يبصرون أو مـا يقـع تحت حواسهم، ولذا فهم ملتزمون ببعض المفاهيم التي تجعل لفنهم صفات مشـتركة منهـا التخطيط غـير المنتظم، حيث لوحظ أن الطفل يبدأ بالصدفة عندما يكتشف في تجاربه العضلية أن الأداة التي يمسك بها تترك أثرا على السطح الذي أمامه، فيحدث تخطيطات غير منتظمة هـدفها الأول والأخـير نشـاطه الجسـماني، وبعد فترة يؤكد الطفل هذا الاكتشاف، فيطور الخط ويجعل منه تخطيطا أفقيا أو رأسيا ولكن فيه بعـض النظام الإرادي، ويرجع ذلك لإدراكه العلاقة بين الحركة الجسمانية والنتيجة على الورق وهو مـا نطلـق عليـه التخطيط المنتظم.

وفي حوالي السنة الثالثة من العمر يبدأ التعبير الفني الإرادي عند الطفل، وذلك لقدرتـه عـلى التحكم والسيطرة على حركة العضلات، فيبدأ الخط عنده يأخذ الشكل الدائري، وفي حوالي السنة الرابعة مـن عمر الطفل يبدأ الإحساس الجسماني العضلي يتحول إلى نشاط فكري خيالي، فيرسم الطفل رموزه من خطوط وغيرها

ويطلق عليها أسماء كأن يرسم خطا ويطلق عليه بابا أو ماما، ويبدأ الفن عنده يقوم بدور التجسيد الخيالي. أما مرحلة المدرك الكلي فيكون الطفل في قمة نشاطه الحركي المتنوع وبفضل نموه الإدراكي والعقلي تعتمد رموزه على التفكير المستمر من الواقع فتتميز بالتخطيط شبه الهندسي، والعلاقات التي يعبر عنها تكون ذاتية لا واقعية فهو يرسم كل ما يريد لأن إدراكه في هذه المرحلة يكون إدراكا ذاتيا وكل ما حوله يدور في مجال ذاته فقط.

وفي دراستنا لفن الأطفال وجدنا أن لها طابعا معينا له مظاهر وصور متعددة، ونظرا لأن هذه الخصائص تلازم رسوم الأطفال رغم اختلاف المكان والبيئة فهي قانون كبير يخضع له فن الأطفال من جميع الجنسيات مهما اختلفت طالما أن الأطفال في سن واحدة.

هل هناك صفات لرسوم الأطفال؟

نجد في رسوم الأطفال الصفات التي يمكن تلخيصها بالتالي:

1- يتجرد الطفل من الواقع الذي أمامه مهما تطور فيرسم صورة للشيء لا نسخة عنه.

2- يرسم الطفل ما يعرفه لا ما يراه محكوما بالحقيقة الفكرية عنده.

3- يبدأ النشاط الفني عند الطفل بالشخبطة العشوائية وينتهي إلى خطوط وتصورات.

4- يرسم الطفل الأشكال في أتم أوضاعها.

5- الغرض الفني أو الجمالي غير مقصود عند الطفل بقدر ما عني بالتعبير عما يريد.

6- وأخيرا يرسم الطفل بدافع من حبه لحركة يده والقلم الذي يستخدمه.

هل هناك علاقة بين رسوم الأطفال وذكائهم

إن فن رسوم الأطفال يدخل في مجال اختبارات ومقاييس الذكاء، وأول من فكر في قياس الذكاء هو العلامة الفرنسي "الفريد بنييه" وزميله الطبيب "تيودور سيمون" عام 1904، حينما طلبت وزارة المعارف الفرنسية من "بينيه" دراسة الطرق التي يمكن أن تستخدم في تصنيف الأطفال الذين يتميزون ببطء التعلم في المدارس، وقد عكف " بينيه" "وسيمون" على وضع مقياسهما المشهور للذكاء بهدف التمييز بين الطفل السوي وضعيف العقل، وكان الهدف الأكيد كما يقول "بينيه" هو بناء مقياس متري للذكاء يتكون من عدد من الاختبارات المتدرجة من الصعوبة إلى السهولة حسب الأعمار حتى يستطيع الفاحص أو الباحث أن يحدد مدى تقدم الطفل عقليا أو تخلفه.

وفي عام 1908 ظهر مقياس جديد "لبينيه" "وسيمون" أطلق عليه نمو الذكاء عند الأطفال، وتحول تركيز هذا المقياس من غير الأسوياء إلى الأسوياء، ولأول مرة صنفت الاختبارات حسب مستويات الأعمار ابتداء من سن 3سنوات وحتى سن 13 سنة.

وعن فن رسوم الأطفال وذكائهم ظهرت بعض الاختبارات النفسية المعروفة باسم "اختبار رسم الرجل" لإحدى الباحثات الأمريكيات وهي الباحثة "جود آنف" وفي هذا الاختبار يطلب من الطفل رسم صورة لرجل، والهدف الأساسي من هذا الاختبار هو دقة الطفل في الملاحظة وتطور تفكيره المجرد، وليس إبداء المهارة الفنية في الرسم. وفي الحقيقة هناك سؤال يطرح نفسه هو : لماذا التركيز على رسوم الأطفال؟ هل يتميز الطفل الموهوب في الرسم مثلا عن زميله العادي أي الذي لا يتمتع بمثل هذه الموهبة؟

ولما كان فن الرسم يدخل في نطاق التفكير الابتكاري فإن الرسوم تعتبر مقياسا من مقاييس الأداء الابتكاري في عالم الأطفال، وقد يوجه هذا النوع من الأداء الابتكاري لدى فئة من الأطفال ضعاف العقول. إن فن الرسم لدى الطفل ما هو إلا عملية تنفيس أو خفض لتوتر نفسي يعانيه أو هدف خيالي يبتغيه. إنه أداء حر يجعل الطفل يكتسب مهارة فنية فضلا عن شعوره بلذة الإنجاز، وهذا الأخير بلغة علم النفس يؤدي إلى إشباع حاجة هامة من الحاجات النفسية لدى الأطفال ألا وهي الحاجة إلى تحقيق الذات. وبعيدا عن المهارة الفنية نحاول أن نركز على شيئين هامين هما:

الأول : إذا كان الطفل الموهوب يشكل مهارة فنية فإن ذلك واقع ملموس وفن محسوس سوف ينمو ويتطور مع نمو الطفل خلال سنوات عمره ليصبح هذا الرسم حرفة أو هواية.

الثاني: إذا كان رسم الطفل العادي يمثل نزعة حرة فإن هذا خيال خصب ونمط من التفكير، إنه التفكير المبدع سواء كان مجاله العلم أو الأدب أو الفن.

ويتميز التفكير الابتكاري بالأصالة والتحرر من أنماط التفكير الجامدة المألوفة حيث إن التفكير الابتكاري ينظر إلى الموقف نظرة جديدة، ويؤلف عناصره في نظام جديد يؤدي إلى اكتشاف علاقات جديدة أو الوصول إلى نتائج فريدة، ويمر هذا التفكير المبدع بمراحل أربعة هي: مرحلة الإعداد، مرحلة الاحتضان، مرحلة الإشراق أو الإلهام وأخيرا مرحلة التحقيق.

القراءة الاختيارية أو المرافقة

والتفوق الدراسي

كيف نشجع القراءة الاختيارية أو المرافقة لدى الأطفال؟

صدر عام 1980 كتيب عن هذه القضية عن منظمة اليونسكو بحثا عـن سـبل أفضـل لتعليـم القراءة وتنميتها لدى الأطفال وجعلها عادة مستمرة.

وهناك دراسة لرالف ستيجر عن دور المعلم في هذا المجال وتدريبـه لتلاميـذه لإجادة مهارات القراءة لأنها حاجة ماسة وضرورية، والمسؤول الأول عن هذه المهمة في الدول النامية هو المعلم، لـذلك لا بـد من أن يدرس "علم القراءة" في فترة إعداده وأن يعرف الكثير عن الكتب والمكتبـات، وأن يكـون هـو شخصيا وقبل كل شيء قارئا ممتازا ليكون قدوة لتلاميذه كي يشجعهم على الإقبال على القراءة بحمـاس وطواعيـة، إذ أن فاقد الشيء لا يعطيه. ومن الضروري تدريب الأطفال وتشجيعهم علـى قـراءة الكتـب وعرضـها وتلخيصـها والاستماع إلى آرائهم فيها ونقدهم لها وفق مقاييسهم البسيطة.

يجب أن تقام في جميع أرجاء المملكة مكتبات في نوادي الأطفال ومراكز الإعلام وقصور الثقافة، وكذلك معارض الكتب الخاصة بالأطفال، على شرط أن تعرض بشكل سهل وجذاب تثير اهتمامهم وتكون في متناول أيديهم بأسعار معقولة وميسرة بالنسبة للوضع الاقتصادي لأسرهم.

من المهم أن يحتفظ المعلمون بسجل خـاص بقـراءات الأطفـال تتناسب ومسـتواهم العمـري والعقلي وقاموسهم اللغوي، كي يسهل الإقبال على الكتب وقراءتها وجعلهم يتناقشون فيما بينهم بمراقبـة معلميهم، وتعليق أسماء القراء الدائمين والمتفوقين على لوحة الشرف مع توفر جوائز تقديرية وتشجيعية.

إن القراءة شيء أساسي لا غنى عنه ومهارة ضرورية ولا نجاح في الحياة المدرسية والعملية يتحقق إلا بها.

والقارئ الجيد من الأطفال هو من يمتلك ثروة لغوية كبيرة، ويستطيع أن تكون قراءاته بشكل متوازن، كما أنه يقرأ بسرعة خاصة إذا كانت القراءة لقصة قصيرة يخرج منها بأفكار وانطباعات عامة. أما القراءات ذات الطابع العلمي فلا بد لها من التفاصيل وأن يقرأها الطفل بعناية وروية كي تثبت المعلومات وتترابط الأفكار والمعاني، ومن الضروري أن يشارك البيت وتتعاون المدرسة في تنمية القراءة لدى الأطفال، وأن يتدربوا على التعبير عن أنفسهم شفاها وكتابة.

هل تعيق القراءة الاختيارية أو المرافقة الطفل عن التفوق الدراسي؟ يستطيع الطفل من جراء القراءة فهم درسه بسرعة أكبر وجهد أقل إذا كان قارئا ممتازا لديه القدرات اللازمة لاستيعاب السطور والأفكار بلمحة. ولن يقدر الطفل على حل مسائل الحساب وفهم المواد الاجتماعية والدينية إذا لم يكن قارئا جيدا واعيا تساعده حصيلة لغوية وافرة، وكثيرون من أصحاب الحصيلة اللغوية المتواضعة لا يتيسر لهم فهم المواد التي يدرسونها بسهولة ودون عناء.

إن القراءة مهارة مثل المواد الرياضية من الممكن إتقانها جيدا بدراسة أصولها والتدرب عليها وممارستها بإتقان وفق برنامج خاص تقدم له من خلالها تدريبات يقرأها ويحلها في وقت محدد من الزمن لاختبار إمكانات الطفل وقدرته .

إذا قرأ الطفل عرف المزيد عن نفسه وتمكن من طاقاته وقدراته وذلك طريق النجاح والتوفيق في الحياة، وسيكون ذلك مدعاة لمزيد من الثقة بالذات والاعتزاز بها.

أطفالنا والقراءة :

الواقع والمطلوب

القراءة علم قائم بذاته مثل مادة اللغة العربيـة والعلـوم والرياضيـات والمـواد الاجتماعيـة ولا يقل عن أي منها وربما يتجاوزها كلها بالنسبة للطفل، وأن يقرأ الطفل معناه أنـه لـن يحـدث ارتـداد قـط إلى الأمية، وأن يحسن القراءة يعني أنه يـدرس اللغـة والعلـوم بطريقـة جيـدة، وأن يقبـل عـلى القـراءة ويحـب الكتاب ويعني مستقبلا التعليم المستمر ويعني التثقيف والموسوعية.

أما حين لا يقبل الطفل على القراءة فذلك يعني توقف نمـوه الـذهني والثقـافي والتعليمـي بـل ويعني الردة للأمية والجهل، والطفل يقرأ حين يجد من يقرأون وحـين يجـد الكتـب التـي تتناسـب ومرحلتـه العمرية، وليس أدعى إلى السخرية من أب يشكو من أن ابنه لا يقرأ وهو نفسه كذلك ولا يوفر له مـا يقـرؤه، ونحن في المنطقة العربية بحاجة إلى حملة قومية للدعوة للقراءة مثـل تلـك التـي حملـت الولايـات المتحـدة الأمريكية شعارها "نحن أمة من القراء، ولكننا نحس بالأسى ونحن نكرر دوما أن "أمة أقرأ لا تقرأ. لقد أنفقت الدول النامية الكثير من المال والجهد على التعليم لمقاومة الفقر ومكافحة الأمية وحاولت تعليم الكبار، لكـن بقيت هذه الدول بحاجة ماسة إلى القراءة ومواصلة القراءة في كتب تكشف لهـا عـن هويتهـا وثقافتهـا، كـما حاولت غرس عادة القراءة لدى المواطنين لأن القراءة معرفة ومتعة.

وقد حاول "جراى وروجرز" وضع إطار عمل للتوعية بأهمية القراءة إذ هي لـون مـن الواجـب وفيها من العادة الكثير، وهي تشغل الوقت وتستثمره، ومن أهدافها أن يواجه الإنسان أحداث عالمه الجارية، وأن يواجه احتياجاته اليومية ويرتقي في مهنته وعمله، ويحقق رغباته الاجتماعية ولتحسين مسـتواه وتنميـة ثقافته وقدراته ولارضاء ميوله الفكرية واحتياجاته الروحية.

وكثير من البلاد النامية لديها لجنة أو مركز لتنمية الكتاب، تستهدف جعل الكتاب أداة للنمو والتقدم، ووضع خطط لتوزيعه على أوسع نطاق لكي يشارك في خطط التنمية، والسؤال: هل نجحت هذه اللجان والمراكز وأصبحت لديها قوى مؤثرة لتؤدي رسالتها؟ إن مثل هذا المركز يجب أن يركز على فئات محددة لكي يحقق أهدافه فيتجه إلى أطفال المدارس، أطفال خارج المدارس، المراهقين ما بين 12 و18 سنة في المدرسة، المراهقين الذين يعملون، والذين لا يعملون منهم، الآباء والأمهات، البالغين الذين لا يقرأون، سكان الريف والبادية. وقد يرى المركز اختيار فئة بذاتها كالأطفال مثلا، لكن يجب ألا يغفل عن آبائهم، وإذا شاء أن يتجه إلى المدرسة فيجب أن لا ينسى المنزل، وعلى المركز أن يضع خططا قصيرة المدى وأخرى طويلة لكي يغرس عادة القراءة لدى المجتمع.

ولا بد من تهيئة برامج إذاعية وتلفزيونية، وملصقات جدارية وحملات إعلامية مباشرة كالمحاضرات والندوات، وأن تكون هناك دراسة ميدانية حول رغبات الناس وميولهم وعاداتهم القرائية.

يجب أن لا ننسى أن هناك عوامل مؤثرة في علاقة الطفل بالقراءة وقد قسمها العلماء إلى عدة أقسام منها: العوامل المادية مثل الصحة والبصر والسمع، وقت القراءة ومكانها والضوء والجلسة، وكذلك عامل السرعة والى أي مدى تمضي العين على السطور المقروءة. وهنالك القراءة الجهرية التي لا بد فيها من نطق الكلمات بشكل صحيح ويفهمه السامع. ومن العوامل الهامة أيضا الحصيلة اللغوية، هل قاموس هذا الطفل كبير؟ هل يفهم الكلمات الصعبة أو الجديدة؟ وهل يلجأ إلى المعجم؟

كل هذه العوامل متشابكة مترابطة تشكل العلاقة العضوية بين الطفل والكتاب، وبدراستها بإمعان يتيسر لنا السبيل لتنمية الوعي بالقراءة والمداومة عليها.

الأطفال في حاجة ضرورية للتواجد المعنوي للأب

يقول علماء النفس أن هناك نوعين من التواجد: الجسدي والمعنوي، والفرق بينهما كبير جدا، فالتواجد الجسدي هو أن يتواجد الأب صورة وشكلا فقط في المنزل ومع الأسف هذا هو النوع المنتشر ـ بيننا. فكثير من الآباء متواجدون مع أبنائهم بالجسد مع أن التواجد المعنوي أكثر أهمية وخطورة على حياة أطفالنا، ومهما كان الأب مشغولا يجب أن يضع في اعتباره التواجد ولو لأوقات قليلة بصورة معنوية وإيجابية بحيث يعطي جرعات عاطفية وتربوية وقدوة حسنة تكفي أولاده طوال اليوم: فتواجد الأب بكل جوارحه وحواسه يعكس نتيجة إيجابية على أولاده بحيث يتصرفون في غياب الأب كما لو كان متواجدا بينهم لأن صورته النموذج ما زالت قائمة في خيالهم طيلة وقت غيابه.

أما تواجد الأب بصورة سلبية أو بقدوة سيئة أو بالإرهاب والصراخ أو وجوده الشكلي بينهم وكأنه كم مهمل فله تأثيره الضار كما لو كان غائبا تماما.

هذا الوجود السلبي ضار جدا على نفسية الطفل وسلوكه لأن الطفل يشعر بالتغيرات الوجدانية أكثر من الإنسان البالغ(وأكثر منا نحن الكبار) لأننا نعيش تراكمات الحياة وسلبياتها، ولكن هؤلاء الأطفال ما زال النقاء والبراءة والسذاجة تلعب الدور الرئيس في توجيه حواسهم وهم يشعرون بكل خلجات الأب. ويجب أن لا يستهان بالأطفال لأن الطفل لاقط لكل شيء من حوله وخصوصا من الوالدين وهذه طبيعة الأطفال عموما.

إن عدم تواجد الأب تواجدا معنويا بالجرعات الكافية لإشباع حاجات الطفل وميوله تجعله ينمو ونصفه النفسي ضائع، والنتيجة المباشرة لذلك الانحرافات والشذوذ والميول السلبية والعدوانية. وفي الميول السلبية نجد الطفل متقاعسا عن الدرس ليس

له انتماء مع تبلد وجداني، ويطلب المزيد من الحقوق دون أن يؤدي واجبه. وهناك أيضا نوع من العدوانية في التشفي بالآخرين وكره الخير لهم، ويتحول تدريجيا إلى طفل عدواني يحب إيذاء الناس. وأحيانا يكون العدوان ذاتيا يدمر به الفرد نفسه ابتداء من شرب السجائر، إلى الإسراف في المخدرات إلى الشذوذ في السلوك. وهذه الانحرافات هي نتيجة لغياب الرادع ألا وهو وجود الأب المعنوي، لذلك يجب أن يدرك الطفل أن هناك قوة ردع تستطيع أو توقفه عند حده إذا لزم الأمر.

ومن خلال الردع يجب أن يظهر الحب، لأن الردع ليس انتقاما أو إيذاء بل هو تقويم سلوك خاطئ معوج.

إن تواجد الأب بصورة إيجابية وليس بعدد الساعات ولكن بفاعلية التواجد لأن العبرة بكيفية التواجد لا بالكمية وعدد الساعات كما يعتقد البعض، ويصبح ذلك بداية الحل لقضية هامة وخطيرة هي قضية العصر.

الطفل والسلوك العدواني

إن السلوكات العدوانية التي تصدر عن الطفل هي أعمال تسبب الأذى والتوتر للآخرين، ومن هذه السلوكات الضرب، الرفس، تحطيم الأثاث والأدوات، الشجار والتحرش بالآخرين، والاعتداء عليهم لفظيا، ومقاومة الإصغاء إذا طلب إليه أن يهدأ أو يتأدب في سلوكه.

تشير الدوافع العدوانية إلى رغبة الطفل في إيذاء الآخرين أو التسبب في إثارة التوتر والقلق للبالغين. وهناك سلوكات عديدة ومتنوعة يمكنها أن تشبع الدوافع العدوانية، فمثلا طفل الروضة الذي أخفى شعورا عدوانيا ضد زميله يكشف عن عدوانيته تجاهه بضربه.

وإن الطفل الأكبر سنا الذي أخفى شعورا عدوانيا ضد ثقافة والده وإنجازاته الأكاديمية يعبر عن ذلك بفشله في المدرسة لأنه يعرف أن ضعفه في التحصيل الأكاديمي يؤذي شعور والده.

ومن العوامل التي تتسبب في السلوكات العدوانية:

العوامل البيولوجية:

إن مراقبة الحيوانات في بيئاتها ومواطنها قد قامت علماء الأحياء للتسليم بأن الدوافع العدوانية فطرية بيولوجية وأكد كونراد لورنز ذلك وقال: أن الدوافع العدوانية هي غرائز فطرية موجودة عند الإنسان والحيوان على حد سواء. وينسب إليه أيضا قوله: إن المنبهات العدوانية تثير ردود فعل عدوانية وتختلف من جنس لآخر. وفي حال مراقبة سلوك الحيوانات يقترح أن هناك احتمالا من أن مثيرات فطرية تثير العداء في الإنسان، وأن تعميم هذه الغرائز الفطرية العدوانية في الإنسان

من الصعوبة تأكيدها وذلك لأن التعميم الناتج من الجنس الحيواني إلى الجنس البشري قابل للاستفسار. وربما تغطي البيانات الحيوانية أنواعا من الدفاعات النفسية ومتغيرات وصفية تستدعي الاستقصاء بالنسبة للجنس البشري، ولا يمكن أن تكون بديلا عن الدراسات التجريبية المباشرة للعدوان الإنساني. ومن الواضح أن هناك فروقا أساسية بين العدوان الإنساني والعدوان الحيواني، وذلك أن العدوان الحيواني ككل يمكن تنظيمه على أساس تغيرات الحوافز الفورية، ولكن العدوان الإنساني يمكن صيانته بتسوية البناء المعرفي لأصغر درجة من حد الإثارة.

بما أن الاستفسار عن الأساس البيولوجي للغرائز العدوانية قابل للنقاش، هناك احتمال قوي أن العوامل المتعلقة بالبنية الجسمية للفرد تلعب دورا مهما في السلوك العدواني، فمثلا الفروق الجنسية في التعبير العدواني لها أساس بيولوجي لذلك فإن الذكور الصغيرة لأجناس الحيوانات الكبيرة مثل الخنازير والقردة أكثر عدوانية من شبيهاتها الإناث.

وعلاوة على ذلك فإن عدوانية الأطفال ترتبط أكثر بمستوى النشاط الذي يتأثر بقوة بالبناء الجسمي للأطفال. إن الأطفال النشيطين يتفاعلون دائما وبحدة مع زملائهم الذي يظهرون استجابات عدوانية. وهناك علاقة إيجابية بين مستوى النشاط والمبادأة الدائمة للسلوك العدواني، وإن الأطفال النشيطين يتعزز نشاطهم بالسلوك العدواني الاجتماعي لزملائهم.

حالة اللامبالاة والسلبية

بين أطفالنا وشبابنا

نلمس في عالمنا اليوم شعورا عاما بأن أطفالنا ليسوا رجال المستقبل، فتحمل المسؤولية والكفاح والمثابرة وتخطي الصعاب والتحدي وعبور المستحيل أصبحت كلمات جوفاء لا نجد لها صدى في حياة أولادنا. وعلى العكس من ذلك نجد نوعا من التواكل والاستسلام للأمر الواقع وعدم المبالاة، وهذه سلوكات منتشرة بشكل خطير بين أطفالنا وشبابنا. بل يتجاوز الأمر إلى ما هو أخطر حيث يعمل أبناء الجيل الحاضر على تدمير أنفسهم بالاتجاه إلى تعاطي المخدرات من ناحية أو إلى الغرق في أفلام الفيديو من ناحية أخرى.

وعندما نعود إلى الوراء قليلا نستعيد كلمات جداتنا وأمهاتنا وهن يصفن أولادهن قائلات: ابني رجل الغد بمعنى أن الولد يتحمل المسؤولية منذ صباه، وهذه الكلمات قد اختفت تماما من عالمنا وأصبحت الشكوى على لسان كل أم تتركز في حالة اللامبالاة وعدم تحمل المسؤولية لدى الأولاد.

وإذا وجهنا السؤال التالي إلى أمهات من الطبقة المتوسطة، ما سبب حالة اللامبالاة والسلبية بين أطفالنا وشبابنا؟ ستكون الاجابة واحدة بلا شك وهي أن الأب غير متواجد في المنزل ومتغيب طوال اليوم نتيجة لصعوبة الأوضاع الاقتصادية وضرورة العمل صباحا ومساء. أي أن هذا السلوك المنتشر بين الأبناء يرجع إلى عدم وجود القدوة ألا وهو الأب، وأن ترك مسؤولية تربية الأولاد على عاتق الأم وحدها هو الذي خلق هذا السلوك.

صحيح أن الأم مدرسة ولكن وجود الأب أمر ضروري خاصة وأن الأم مثقلة بهموم أكبر، فهي قد تكون عاملة بالإضافة إلى ذلك فهي مطالبة بتدبير شؤون البيت والأولاد والمذاكرة لهم وغير ذلك من الأعباء.

وإذا وجهنا نفس السؤال السابق إلى أمهات في بيئة أكثر ثراء حول هذه السلوكات لتوقعنا الجواب الآتي:

إن كثرة الأموال في أيدي الأبناء قد أوجدت نوعا من اللامبالاة وعدم تحمل المسؤولية.

ونقول إن سبب هذه الظاهرة يعود إلى ظروف الحياة القاسية التي نعيشها والارتفاع الشـديد في مستوى الأسعار، وقد نقول في الماضي إن أولادنا في أشـد الحاجـة إلى الأم أكثر مـن الأب وهـذا صحيح في مرحلة معينة وهي الطفولة المبكرة من (2-5) سنوات حيث الحاجة إلى الأمـان والرضاعة والحنـان والحـب. الأم هي العالم الخارجي الوحيد للطفل في تلك السن المبكرة. أمـا في المراحـل اللاحقـة للطفولة المبكرة فـإن الوجود الحقيقي للأب له أهميته الكبيرة بالنسبة للأولاد لا يقـل عـن أهميـة وجـود الأم. وهـذه المسـؤولية مسؤولية مشتركة متساوية متكافئة بين كلا الوالدين.

مشكلات الطفل السلوكية

والنظام المدرسي

تختلف مستويات مشكلات النظام في المدرسة اليوم من البسيط إلى المعقد، ومن العادي إلى الإجرامي، وقد قاوم المعلمون سابقا سلوك الأطفال السيء، مثل كتابة أول حروف أسمائهم على الأثاث المدرسي، أو الرسم على الجدران، أو عدم الانتباه، أو تشويش عملية التعليم بأساليب مزعجة داخل الصف، ولكن في الوقت الحاضر أصبح المعلمون يعاقبون الأطفال على سوء تصرفات مثل حمل سكين، وإيذاء الطلاب جسمانيا أو التلفظ على المعلمين بألفاظ نابية... الخ.

هذه النظرة المتشائمة تجعلنا نخطئ في تعميمنا أن نسبة كبيرة من الأطفال في المدارس مشاغبون إذ عن هناك اختلافات كبيرة بين المدارس في النظام والانضباط. فبعض المدارس في الريف وبعضها في المدينة أو الضواحي، وتتميز بعض هذه المدارس بقلة مشكلات السلوك الجدية، وبعضها الآخر يتميز بكثرتها، ويلقى الضوء يوميا عبر وسائل الإعلام على مختلف مشكلات النظام التي تحدث باستمرار داخل الصفوف.

وتتصف المدارس التي يسودها النظام بصفتين أساسيتين:-

1- عدم وجود مشكلات نظام.

2- وجود برنامج يساعد على تعليم الانضباط الذاتي.

هاتان الصفتان هما هدفان على كل مدرسة أن تعمل جادة لتحقيقهما رغم إدراك صعوبتهما.

ويعني الانضباط الذاتي قدرة الفرد على تعويد نفسه على التحكم بتصرفاته وتحمل مسؤولية سلوكه، وعندما يتحقق الانضباط الذاتي تختفي المشكلات السلوكية، أما غياب المشكلات السلوكية فلا يعني ضمان وجود انضباط ذاتي.

بما أن النظام يعتبر مشكلة أساسية، ويبحث المعلمون دائما عن إجابات لأسئلتهم، فعلى المشرفين التربويين ومديري المدارس أن يبادروا بدراسة مشكلة

النظام مع المعلمين واقتراح أفضل الأساليب لحلها، ومع أن هـذا الإجراء عمـلي ومجد لكن الطريقـة الأكـثر فعالية تكون بعد تطوير المعلمين أنفسهم لبعض المفاهيم التـي تتعلـق بأسباب مشكلات السـلوك، وحـين يشكل المعلمون بعض الفرضيات حول أساليب قيام الطفل بمثل هذا السلوك، يستطيعون حينئـذ أن يوصـوا بحلول ذكية لتلك المشكلة.

صنف التربويون قبل عدة سنوات أسباب المشكلات السلوكية في ست فئات:-

1- أسباب تعود إلى الطفل نفسه.

2- أسباب تعود إلى مجموعة الرفاق.

3- أسباب تعود إلى المعلم.

4- أسباب تعود إلى المدرسة.,

5- أسباب تعود إلى البيت والبيئة المحلية.

6- أسباب تعود إلى المجتمع الكبير الذي يعيش فيه التلميذ.

إن تحليل ومناقشة كل فئة من هذه الفئات تساهم مساهمة كبيرة في فهـم المعلـم لسـلوك تلاميذه، وقد يتوصل المعلمون إلى أن السلوك الذي يظهر داخل الصف تكمن أسبابه في موقـع آخـر، كمـا يدركون أيضا أن مصادر سوء التصرف والمشكلات داخل الصف يمكن أن تكون أعـراض إزعاج وليست الإزعـاج نفسه، كما يعلم المعلمون أن هناك أسبابا لمشكلات السلوك يمكن أن يتحكموا بها أو لا يتحكموا.

1- أسباب تعود إلى الطفل نفسه:

يتعرض الأطفال إلى مشـكلات شخصية، جسـمية، عقليـة، اجتماعيـة، وانفعاليـة والتي تخلـق صعوبات نظامية داخل غرفـة الصـف. ويضـم الصـف عـادة أطفالا ذوي عاهـات جسـمية وقـدرات عقليـة متدنية، ومشكلات سيكولوجية واجتماعية، وأن الإعاقة السمعية أو البصرية الشائعة عند الطفل قـد تسـبب مشكلة نظامية للمعلم، وسوء التغذية مشكلة شائعة أكثر مما ندرك كذلك صحة الطفـل العامـة التـي تنبـئ بوجود

الإجهاد أو عدم انتظام إفراز الغدد الصماء وأمراض الطفل في طفولته المبكرة، قد تكون كلها عوامل تؤثر على إنجازه داخل الصف.

إن العوامل الجسمية التي تسهم في مشكلات النظام أكثر شيوعا، وأكثر وضوحا في مراحل نمو الطفل وتطوره، فالقدرات في استعمال المفاهيم وحل المشكلات والجلوس بهدوء والاستماع والانتباه والتحدث في الدور ومجاراة الآخرين، كل هذه القدرات وظائف النمو والتطور، وتلعب كذلك العوامل البيولوجية والعوامل الاجتماعية والثقافية دورا كبيرا في نمو الطفل وتطوره. اذ يتطور الطفل بيولوجيا في نموذج ثابت فيتعلم المشي قبل الكلام، والكلام قبل القراءة، ومفهوم الأرقام البسيطة قبل حل المشكلات، كما يتعلم تحمل مسؤولية سلوكه.

ومع أن النمو والتطور عوامل هامة في النظام في جميع المستويات، إلا أن الكثير من المعلمين يشعرون أن طلاب المدارس الإعدادية والثانوية هم الأكثر صعوبة، ويكمن السبب في أن طلاب هاتين المرحلتين يكونون على أبواب البلوغ والمراهقة.

وفي تحليل القدرات العقلية للأطفال في أي صف متغاير نجد التسلسل بين العادي والموهوب وبين المستويات الثلاثة الضعيف والوسط والذكي، ومن الممكن أن تحدث مشكلات سلوكية إذا كانوا في بيئة تعليمية غير ملائمة، إذ يجد ذوو القدرات الضعيفة أنفسهم محبطين لعدم قدرتهم على مواصلة دراستهم، بينما لا يجد متوسطو القدرة الدافعية في دراستهم، ويكتشف الطلبة الأذكياء أن مناهجهم ليس بها أي تحد لهم، ولهذا باستطاعتهم خلق مشكلات نظامية للمعلم.

ويشترك جميع الناس في بعض الحاجات الاجتماعية السيكولوجية مثل الحب والأمان والتقدير والنجاح وتحقيق الذات، وأن عدم إشباع هذه الحاجات تنتج مشكلات سلوكبة لا تعد ولا تحصى- ويقول وليام جلاسر (WILLIAM GLASSAR) : أن الحب والشعور بقيمة الذات هي الممرات لتحقيق هوية الفرد المتميزة، وقد دعا علماء النفس المربين إلى الاهتمام بتقدير أهمية فكرة الذات لأن لكل

فرد حاجة ليصبح الشخصية الوظيفية المتكاملة كما قال كارل روجرز (CARL ROGERS)، أو أن يطلق عليها تحقيق الذات كما دعاها ماسلو (MASLOW)، وقد وضع ماسلو حاجة تحقيق الذات في رأس مسلسلة الهرمي للحاجات الإنسانية لأن الأفراد الذين يتمتعون بفكرة تحقيق الذات يحملون رؤية إيجابية لذاتهم.

وكثير من الأطفال باشتراكهم مع آخرين بارزين يتعلمون الشك الذاتي، وعدم احترام الذات والخوف ، ويعود هذا إلى معاناتهم من عدم ملاءمة فكرتهم عن ذواتهم الشائعة في مجتمعنا فتحبط قدراتهم.أما الطلاب الذين يظهرون رؤية إيجابية للذات يتفاعلون مع الآخرين بكل ود وصداقة بإظهارهم ثقتهم بأنفسهم بعكس الطلاب الذين يتمتعون برؤية سلبية لذواتهم، لأنهم غالبا ما يظهرون القلق والخجل والانطواء على أنفسهم.

لذا على المشرف التربوي ومدير المدرسة مساعدة المعلمين في الإدراك أن الطفل الذي باشر يومه المدرسي الأول يكون قد أحضر معه مساهماته الجسمية والعقلية والاجتماعية والانفعالية التي تقود إلى مشكلات النظام.

2- الأسباب التي تعود إلى الرفاق:-

لا يتصرف الطفل كفرد بل كعضو في مجموعة، ومن الملاحظ أن الأطفال كلهم أعضاء في صفوفهم وتعكس تصرفاتهم ردود فعل كل تجاه الآخر، وأن اختلال درجات سلوك الفرد في الصف تشكل سلوك الطلاب الآخرين في الصف نفسه.

كما إن البيئة التعليمية التي يتحكم فيها المعلم يمكن أن تساهم في مشكلات السلوك داخل المجموعة. والطفل ليس عضوا في مجموعة صفه فقط وإنما هو عضو في مجموعات أخرى، إما داخل المدرسة أو خارجها: في النادي أو في مجموعة رفاق اللعب أو في الشارع... وإن المجموعات التي ينتمي إليها الطفل تؤثر في سلوكه إيجابا أو سلبا معتمدا على أهداف تلك المجموعات الاجتماعية أو غير الاجتماعية،

فضغوطات مجموعات الرفاق خصوصا بين المراهقين تجبر الأطفال على تشكيل نماذج سلوكية لا تتلاءم مع أحكامهم الداخلية. ويجب أن لا نلوم الشباب وحدهم باستجاباتهم لضغوطات المجموعة، فاللعب والدراسة والعيش سوية كمجموعات ما تزال مثالا لمجتمعاتنا.

إن التوافق أو عدم التوافق مع المجموعة يجب ألا أن يكون هدفا بحد ذاته، لأن التوافق مع القانون أو العرف الاجتماعي واجب داخل غرفة الصف أو خارجه، ويحب الأطفال في العادة المجموعات التي خارج الصف أكثر من المجموعة التي داخل الصف إذ تختلف الأهداف والأنشطة اختلافا كبيرا، والحل المناسب العمل على تكيف الطلاب مع المجموعات الصفية يكون بإيجاد بيئة تعليمية قادرة على جذب اهتمام الطلاب الذين سيختارون المتابعة الأكاديمية أكثر من ميولهم واهتماماتهم الخارجية. ولكن السؤال الذي يطرح نفسه هل من الممكن تحقيق ذلك أم لا ؟

سؤال قد لا نستطيع الإجابة عليه وحتى المشرف التربوي المجرب، ومدير المدرسة ذو الخبرة يجد صعوبة في إسداء النصح للمعلم عن كيفية خلق بيئة تعليمية أكثر جاذبية للأطفال من التعليم المهني أو النشاطات الصفية أو النشاطات المسلية. ولكن يستطيع مدير المدرسة بالتعاون مع المشرف التربوي أن ينصح المعلم بخلق مناخ صفي مرغوب وإيجابي لتعلم الطلاب قدر الإمكان، وهذا يعني توفير جو يطلق حرية التعلم بدون ضغوطات أو إكراه من جانب الأعضاء الذين يكونون المجموعات الصفية.

3- أسباب تعود إلى المعلم نفسه:-

قد يكون سبب المشكلات السلوكية المعلم نفسه، أو أساليب التعليم التي يستخدمها أو الأهداف التي لا تتناسب مع حاجات المتعلم أو عدم وجود أهداف محددة أو بسبب التخطيط العشوائي أو العرض غير الفعال أو نقص المواد التعليمية، أو

التقويم غير المناسب أو قلة التغذية الراجعة، كل هذه الأسباب تخلق وتضخم مشكلات الطلاب السلوكية، ولكن يمكن القضاء عليها بالتدريب، ومن الأفضل للمعلم أن يحدد بأن السبب يعود إلى أساليب التعليم التي تتسبب في المشكلات النظامية أكثر من أن يعترف بأن هناك شيئا ما في شخصيته يثير المشكلات وواجب المشرف سواء أكان مختصا أو مرحليا أو مدير مدرسة أن يعمل باستمرار في مساعدة المعلم في تحسين أساليب تدريسه. ولحسن الحظ إن تحسين الأساليب يمكن أن يلاحظ ويقاس من قبل المشرف والمعلم معا.

ولكن أساليب التدريس ليست سبب جميع الأخطاء، فقد تعود بعض الأخطاء إلى الاتجاهات التي يظهرها المعلم نحو طلابه، ونحو التعليم والمدرسة والمجتمع والأخلاق والديمقراطية والحياة بشكل عام... كل هذه عوامل قد تخلق جوا ينتج أو يقلل من مشكلات السلوك ويعتمد ذلك على السلوك نفسه سواء أكان سلبا أو إيجابا ، فالمعلم الذي يهتم بطلابه ويظهر لهم اهتمامه يواجه مشكلات سلوكية أقل من التي يواجهها معلم لا يحب طلابه أو مدرسته أو عمله.

بالإضافة إلى حب المعلم لمدرسته وعمله وطلابه يجب أن يكون لديه صفات شخصية معينة مثل الثقة والمرح واللتان تعتبران من الإسهامات الضرورية للمعلم، ويظهر بعض الأشخاص وكأنهم ولدوا بهاتين الصفتين، مع أننا نعلم أنهم قد طوروها طوال السنين من خلال تعاملهم مع البشر... ورغم صعوبة تطويرهما، فإن تطوير الإحساس بالثقة قد يكون أسهل من تطوير الإحساس بالمرح، فالمعلم يستطيع تطوير شعوره، بالثقة بإعطاء تعليم بأساليب جيدة بطريقة تساعد الطلاب على تحقيق أهدافهم، ويستطيع المشرف التربوي ومدير المدرسة مساعدة المعلم على تطوير إحساسه بالثقة بأن يبينا له كيفية تخطيط التعليم وعرض الدرس بفعالية ببناء إحساس المعلم بالثقة باستمرارية التعزيز الإيجابي. ومن المشكوك فيه أن يساعد المشرف ومدير المدرسة المعلم بتطوير إحساس المرح إذا لم يمتلكه المعلم حيث أن هذا يعود إلى صفات شخصية ليست باستطاعة أحد أن يوفرها له. كما أن اختيار المعلم لملابسه

وألفاظه تعمل على احترام تلاميذه له، لان سلوك المعلم المنتظر أن يلعب دورا اجتماعيا محددا، وإذا لم يلعب ذلك الدور المتوقع منه فإنه يجلب المشكلات السلوكية.

إن سلوك المعلم الواثق بنفسه يعمل على تنمية الثقة في نفوس طلابه، كما أن صوته القوي الواضح المسموع من قبل الجميع يعمل على جذب انتباههم.

على المشرف التربوي ومدير المدرسة والحال هذه أن يطلبا إلى المعلمين أن ينظروا إلى أنفسهم كمصادر ممكنة لخلق مشكلات سلوكية يواجهونها داخل صفوفهم وعليهم (مشرفين ومديرين ومعلمين) أن يعملوا سوية للتخلص من الثغرات في سلوكاتهم وأساليب تدريسهم بخلق بيئة تعليمية فعالة.

4- أسباب تعود إلى المدرسة:

هناك حالات عديدة فيما وراء حدود غرفة الصف مجتمعة في المدرسة لتخلق مشكلات نظامية، فدراسة المنهاج المدرسي من البرنامج الأكاديمي إلى البرنامج الصفي الإضافي إلى الخدمات الطلابية تظهر أن المنهاج يساهم ويتسبب في الكثير من مشكلات الطلاب السلوكية، ولقد نسيـ واضعو المنهاج أن هناك عددا كبيرا من الطلاب يقع أدنى أو أعلى من المتوسط، لذا نجد المنهاج والبرنامج نفسه وأساليب التعليم تفشل في إشباع حاجات الطلاب الضعاف والأذكياء ويخلق من جراء ذلك أرضية منتجة لمشكلات سلوكية.

يتسبب المنهاج غير المدروس بإيجاد مشكلات سلوكية لأنه لا يلبي حاجات الطلاب بجميع مستوياتهم العقلية. أما المنهاج المناسب فهو الذي يساعد الطلاب في حاضرهم ومستقبلهم، لأن محتواه المتطابق يساعد الطلاب على اتخاذ القرارات وعلى التفكير وعلى القيام بأنشطة الحياة المختلفة.

يعرف سمث، كوهن، وبيرل (PEARL, COHEN & SMITH) المحتوى المتطابق بأنه يساعد الطالب على اختيار المهنة والعضوية في المجتمع وعلى تكوين العلاقات الشخصية والمشاركة في النشاطات الثقافية.

أما جلاسر (GLASSAR) فيعرف المتطابق بأنه مزج عالم الفرد الخاص بعالمه الجديد في المدرسة ويرى أن التطابق يعمل في ناحيتين، تطابق المنهاج المدرسي مع حياة الطفل، وتطابق حياة الطفل مع المنهاج.

ويهاجم جلاسر المناهج التقليدية كمرض مزمن إذ تركز على الحفظ وتعارض التفكير وإبداء الرأي... والاهتمامات.

ويؤثر المناخ المدرسي على سلوك الطلاب كتأثير المناخ الصفي عليهم، لذا يجب أن تكون المدرسة مكانا يستمتع فيه الطلاب بعيشهم وليس فقط بتعلمهم، وقد شعر جلاسر أن المدرسة بدلا من أن تؤكد على النجاح تؤكد على الفشل. ونرى ذلك في دخول الطفل إلى المدرسة بتشكيل عقلي ناجح ومتفائل وقلما يذهب الأطفال الفاشلون إلى المدرسة أو يطلق عليهم فاشلون، ولكن الواقع أن المدرسة والمدرسة وحدها هي التي وصمت الطلاب بالفشل، وهذه من أصعب المشكلات التي يواجهها المعلم في المدارس الابتدائية.

إن تطوير المناخ الصحي المدرسي هو مسؤولية كل فرد في المدرسة، ولا يجب أن تقتصر ـ المسؤولية على الإداري وحده، أو على مجموعة صغيرة من المعلمين، بل يجب أن يشترك الجميع مشرفون ومعلمون وإداريون كلهم في دراسة المناخ المدرسي والمناخ الصفي الصحي التعليمي، وتحديد المشكلات التي تحتاج إلى الدراسة ووضع الحلول لها.

5- أسباب تعود إلى البيت والبيئة المحلية:-

تلعب عائلة الطفل والجوار والمجتمع دورا بالغ الأهمية في تشكيل سلوكه خلال سنوات ما قبل المدرسة وأثناءها إلى مرحلة النضج، حيث يتعلم الطفل اتجاهات تؤثر في سلوكه. فالحب الأبوي للأطفال هو أكثر العوامل تأثيرا على سلوكه، والطفل الذي يرفض من أبويه هو أكثر خلقا للمشكلات السلوكية من الأطفال الذي يتمتعون بحب أبويهم، والأطفال الذين يأتون من أب وأم منفصلين يكونون أكثر قابلية للقيام بالمشكلات السلوكية، فموقف الآباء من التعليم يؤثر على الأطفال سلبا أو إيجابا، فالأطفال الذين يلقون اهتماما من آبائهم يكونون أكثر نجاحا، وأقل مشكلات سلوكية من أولئك الذين لا يلاقون اهتماما سواء نجحوا أو فشلوا، ويخطئ الأبوان إذا لم يوفرا تعزيزا لنجاحات أبنائهم، أو يظهران ضغطا كبيرا كي ينجحوا في المدرسة. كذلك الأبوان اللذان يصران على أن تكون علامات أطفالهم ممتازة مما يثير شعور القلق والتوتر لديهم ويؤدي هذا إلى مشكلات نظامية في المدرسة شبيهة بالمشكلات التي يثيرها الأطفال الذين لا يلاقون اهتماما بل إهمالا من الوالدين.

إن عدم الانسجام في البيت يؤدي إلى سوء سلوك الطفل في المدرسة وكذلك علاقة الطفل مع إخوته وأخواته وتفضيل الوالدين لأحد الأطفال على إخوته يخلق مشكلات سلوكية بين أفراد العائلة. وقد يعتبر الآباء أحد الأبناء نموذجا للسلوك ويهمل الباقين، وقد يساهم المعلم مساهمة مماثلة حين يقول لأحد الأطفال أن أخاه الأكبر منه سنا كان أفضل منه، كما أن الجوار والمجتمع المحلي الذي يعيش فيه الطفل يعطي انطباعا عن سلوكه، فالطفل الذي يعيش في بيئات فقيرة تختلف مشاكله عن الطفل الذي يعيش في بيئة مرفهة، والأطفال يحضرون مشاكلهم معهم إلى المدرسة، فالمعلم الواعي بتأثير عامل البيئة على سلوك الأطفال يدرك أن مشكلات الطفل ناتجة عن البيئة، وعليه أن يستغل مهاراته ومعرفته تلك كي يقدم المساعدة لأولئك الأطفال الذين يتميزون عن غيرهم بمشكلات نظامية.

6- أسباب تعود إلى المجتمع الكبير:-

من الصعب أن تحدد الحالات التي تؤثر في الوضع الاجتماعي الذي يساهم في خلق مشكلات نظامية، فالطالب الذي يغش مثلا نجده يسمع أو يقرأ عن حالات الغش التي اقترفها الكبار ويخمن من جراء ذلك أنها الطريقة المقبولة في شق طريقه في الحياة، كما يرى الطفل أن الجريمة بحد ذاتها ليست سلوكا إجراميا، إلا إذا ألقى القبض عليه متلبسا.

لقد أجريت دراسات طبقية في الولايات المتحدة الأمريكية وأظهرت أن هناك اختلافات بين الأطفال تعود إلى العوامل الاجتماعية والاقتصادية فكل منهم يختلف في عاداته وتقاليده ولغته وسلوكه، فالأطفال الذين يعيشون في بيئات اقتصادية اجتماعية متدنية يتعلمون أنماط سلوك تختلف عن الأطفال الذين يعيشون في طبقات وسطى أو عالية.

وهناك تأثير للعنف على سلوك الطفل، ويسمع الأطفال يوميا تقارير عن العنف في التلفزيون والسينما، وكذلك عن الجنس والعلاقات الجنسية مما يؤثر سلبا على سلوكهم.

ويستطيع المعلم أن يخفف من بعض المشكلات السلوكية النابعة من الوضع الاجتماعي، ولكني ليس باستطاعته أن يحدث تغييرا أساسيا في مجتمع ليس تحت سيطرته. فعلى كل معلم وكل مشرف وكل مدير يعمل في نظام مدرسي أن يعي تأثير المجتمع الكبير على سلوك الأطفال، فهل عليهم تصميم برامج تبدأ من مرحلة رياض الأطفال تساعد على حل المشكلات الاجتماعية الناتجة من تغييرات المجتمع أو يعمل كل منهم على تطابق المنهاج أو محتوى المادة كي تتلاءم مع معاني المجتمع الجديد؟؟

طاقات الطفل الكامنة

وكيف نتعرف عليها

إن كل طريقة تتبع في تعليم الطفل تكشف بالواقع عن بعض طاقاته الكامنة، فالمدرس يواجه دائما مشكلات بدرجة كبيرة في كيفية إثارة الطفل كي يظهر هذه الإمكانات إلى حيز الوجود، كما أن التقدم الأكاديمي يعتمد على قابلية المعلم في اكتشاف طاقات الطفل الكامنة كي يطور وسائل تعليم فعالة لاستغلال مصادر طاقاته بأفضل السبل. وفي كلتا الحالتين فإن ثقافتنا الحالية محدودة في هذه النواحي وعلى ما يبدو فإن الرعاية القاسية والتربية غير الصحيحة تؤدي إلى منع تطور إمكانات الطفل. وبما أننا لا نستطيع أن نعزو افتراضنا عن الإمكانات الحقيقية للطفل إلى دليل ثابت فإننا نتفق مع كثير من أولئك التربويين والمهتمين بدراسة تطور إمكانات الطفل في مراحله المختلفة بأن ما ينقل إلى الطفل هو 15% فقط من إمكاناتنا. وإذا كان الافتراض صحيحا فإننا نستطيع أن نعزو عدم تطور إمكانات الطفل الكامنة إلى الممارسات السلبية المتبعة في تنشئته منذ أمد طويل، لأن الدراسات التي أجريت عن تطور طاقات الطفل قد عززت الفكرة القائلة بأن الطفل الذي له من العمر 10 سنوات يستطيع أن يتعلم ويعرف بقدر الطالب في الجامعة وفي مستوى الدراسات العليا. ومما يدعو للاستغراب مقارنة مقدار ما يتعلمه الطفل في الفترة التي تسبق ذهابه للمدرسة ومقدار التقدم القليل الذي يحصل بعد ذلك.

إذا نظرنا إلى الوليد وهو في الأسابيع الأربعة الأولى من عمره كيف يحاول السيطرة على العائلة لتلبية رغباته من خلال بكائه الذي يعتبر اللغة لديه، ولكنه بطبيعة الحال لا يعلم ما يقوم به. إن الطفل لا يهتم بحاجاته الفسيولوجية فقط إذ أنه كائن اجتماعي يحتاج لإشباع حاجاته الاجتماعية أيضا. ويستطيع الطفل أن يفكر بأن عليه أن يتحمل من الراشدين كل المنبهات التي تصدر عنهم وأن يستجيب لها كما

عليهم أن يستجيبوا لمنبهاته كلما صدرت عنه، وإذا كان الطفل في بيئة متقبلة بحيث يستجيب من حوله لبكائه بالحمل فإنه يدرك فائدة البكاء ويكون ذلك درسه الأول.

إن الاستجابات التي يتلقاها الطفل تحدد له متى يكون البكاء ذا فائدة ومتى يكون لا نفع منه، ومن هنا يبدأ يتعلم متى يبكي وهذا ما تحدده الأم ومن حولها باستجاباتهم له.

إن الطفل يعرف كيف يجعل والديه خاضعين لرغباته دون أن يكون واعيا لذلك، مع أنه لا يبدو دائما أنه مستعد للخضوع لهم. إنه يريد أن يحس بالانتماء ويفعل كل ما يساعده في الحصول على ذلك وحين يشعر بالانتماء ويشجع عليه فإنه يستجيب لمتطلبات المواقف حالا، ولكنه حين لا يشجع فإنه يسيء التصرف، إن الطفل قليلا ما يعتمد على ما تقوم به الأم بينما يعتمد أكثر على ما تفعله الأم بناء على ما يقوم به هو.

إن تطور نمو شخصيته يعتمد على الفكرة التي يكونها عن نفسه وعن الآخرين من حوله وعلى الأهداف التي يضعها لنفسه، فهو يبدأ بقرارات عشوائية ثم يقيم ردود الفعل التي تنتج عنها ويعدها لذاته إطارا مرجعيا يكون به خط حياته.

بالرغم من هذه الطاقات الكامنة لدى الطفل فإن الاقتراح بتعليم الأطفال في مرحلة مبكرة يواجه بالاعتراض من التربويين وعلماء النفس لأسباب منها:

1. هناك خوف من النتائج السيئة على شخصية الطفل إذا بدئ بتدريسه مبكرا وأرسل للمدرسة "أي بحرمانه من الرعاية والاهتمام من والديه بإبعاده عنهم".
2. إن التعليم المبكر يحرم الطفل التمتع بطفولته المبكرة.,
3. إن طرق تنشئة الأطفال المختلفة تؤثر فيها كثيرا من الخبرات غير المشجعة والتي يتبعها الآباء في تربية أطفالهم فأما أن يعطوا الطفل كل ما يريد، أو أن يعاقبوه على كل خطأ يرتكبه دون إعطائه تفسيرا لذلك. وهذا يجعله يكون اعتقادا بأنه لن يقوم بالعمل على وجهه الصحيح إذا لم يشعر بالخوف منهم "من والديه".

إن الطموح الزائد في تعليم الطفل في مرحلة الطفولة المبكرة جدا لا يـؤدي إلى شـعوره بالأمـان سـواء صـاحبه النجاح أو الفشل إذا لم يكن بين أيد أمينة مـن المـربين المنتمـين والمخلصـين لأن الـدافع القـوي الـذي يسـاعد الطفل على النمو بشكل سوي هو شعوره بالانتماء الذي يدفعه لتقبل العلم والتفوق فيه، ليس لصالحه فقط وإنما للصالح العام كفرد في مجتمع ينشأ فيه ويتفاعل معه، يؤثر فيه ويتأثر به.

الطفل والتعبيرات الفنية.

تعتبر الفنون التشكيلية من الجوانب الهامة التي يجب تشجيع الطفل على تذوقها وذلك بمنحه الفرصة لممارستها بكل حرية لأن الطفل حين يرسم يعبر عن مضمون ما يكنه في نفسه من مشاعر وأحاسيس بالخطوط والألوان وتصبح اتجاهاته وميوله وقدراته من جراء ذلك واضحة لمن حوله.

لذا نرى أن رسوم الأطفال تستخدم في مجالات متعددة حيث يلجأ أخصائي الطب النفسي- إلى العلاج بالرسم لمعرفة ما يعانيه الطفل الصغير من ضغوط وما يحس به من علاقات سلبية أو إيجابية تجاه الآخرين. وتستخدم رسوم الأطفال في مجال التعليم أيضا لقياس قدرات الأطفال ومعرفة مستوى ذكائهم. إن الرسم بالنسبة للطفل لغة أي نوع من التعبير، أكثر من كونه وسيلة لخلق شيء جميل، وليس بالضرورة أن يكون الطفل الرسام موهوبا لأن الرسم مثل اللعب وظيفة نفسية وفسيولوجية. إذا أراد الطفل أن يعبر بالرسم عن والديه يبدو الاختلاف واضحا ليس في الشكل العام لكل منهما ولكن في المعنى الذي أحسه الطفل بعقله الباطن، فإذا احتاج إلى القوة فإنه يصورها في جسم والده فيرسمه ضخم البنية طويل القامة عريض المنكبين. وإذا احتاج إلى الحنان فإنه يصوره في جسم والدته النحيلة الرقيقة الناعمة أي أن الطفل يعطي للشكل الذي يرسمه المعنى الذي يعرفه ويشعر بأهميته.

إن التعبيرات الفنية عند الأطفال تمر بمراحل مختلفة، ففي السنة الثانية أو الثالثة من العمر يتمكن فيها الطفل من استخدام أصابعه في الإمساك بالقلم ورسم خطوط أفقية ورأسية في اتجاهات متعددة ومتداخلة لا تلبث أن تصبح دائرية بالنسبة لنمو عضلات الرسغ. هذه الرسوم التلقائية لها أهميتها بالنسبة للطفل، فهو يسمي هذه الخطوط بأسماء والديه وأخوته. وفي سن الرابعة تظهر فروق فردية بين رسوم الأطفال فبعضهم يفضل الرسم في جزء من

الورقة، والبعض الآخر يشغل مساحة الورقة بأكملها. وهذه الظاهرة لها دلالتها النفسية، فانزواء الطفل داخل جزء من الورقة دليل على حاجته إلى قدر أكبر من الأمان والعطف. وقد يكون تكبيره للعناصر وشغل الصفحة كلها دليلا على الثقة بالنفس أو تعبيرا عن الاستهتار وعدم المبالاة، وفي سن السادسة حتى العاشرة تتميز رسومات الأطفال بالمبالغة والحذف والإضافة وتغيير الأوضاع فمبالغة الطفل مثلا في حجم العصا التي تحملها المعلمة أو حجم رأس الأسد تعني اهتمام الطفل بأجزاء أثارته أكثر من غيرها.

هناك شيء هام جدا أرجو من المربين الأخذ به وهو ضرورة تشجيع الطفل وتقدير ما يقوم به وإظهار الإعجاب بكل رسوماته ليزيد من أدائه وإتقانه، ويدفعه إلى مزيد من الإنتاج والإجادة، وذلك بتعليق رسوماته على حائط المنزل أو المدرسة ليزينه، وأن يكتب اسمه عليها لتعطيه اعتزازا وثقة بنفسه كفرد منتج أشغل حيزا في مجتمعه الصغير.

الخوف والقلق عند الأطفال

يخبر الفرد الخوف والقلق في بعض الأحيان بشكل أو بآخر وبدرجات متفاوتة، وإن التمييز بين هذه الانفعالات لا تكون واضحة المعالم وتتفاعل فيها نماذج ردود فعل فيزيولوجية وسيكولوجية تشمل الأحاسيس والانفعالات السيئة والمكروهة. وكلها استجابات داخلية متوقعة تعتمد على توقعات الخوف أو حادث سيء أو شعور أو ردة فعل.

يعتبر الخوف في العادة أكثر انفعال محدد واستجابة محددة لمواضيع محددة وإثارة محددة مثل قيادة السيارات بسرعة فائقة، أو رؤية حيوان مفترس، ولكن القلق غير محدد، وأشار اريكسون أنه من الصعب أن نميز القلق من الخوف أو أن نفرق بينهما وخصوصا في حالات الأطفال الصغار لأنهم لا يفرقون بين الخوف الداخلي والخارجي أو بين الخطر الحقيقي والخيالي.

والقلق ليس حالة مرضية في حد ذاته ولكنه ضروري واستعداد طبيعي فيزيولوجي وعقلي لمواجهة الخطر، والقلق ضروري أيضا لابقاء الفرد على قيد الحياة تحت ظروف معيشية معينة.

والخوف كرد فعل انفعالي لمثير موجود موضوعي يدركه الفرد على أنه مهدد لكيانه الجسمي والنفسي، والخوف ضروري للمحافظة على الحياة في وقت الخطر، ولكن إذا تعدى الخوف مداه الطبيعي أصبح مرضا يعرقل سلوك الفرد ويقيد حريته. والخوف متعلم ومكتسب وهناك ارتباط كبير بين مخاوف الأطفال ومخاوف أمهاتهم. وكذلك القلق مركب انفعالي من الخوف المستمر بدون مثير ظاهر والتوتر والانقباض، ويتضمن الخوف المصاحب للقلق تهديدا متوقعا أو متخيلا لكيان الفرد الجسمي أو النفسي- ويعيق الأداء الفعلي للسلوك ويؤثر على الفرد في أشكال مختلفة منها المرض وأحلام اليقظة، والأحلام المزعجة والكابوس، والتمرد والعدوان.

ويظهر الخوف في مظهرين "فيزيولوجي" وينشأ عنه إحساسات ومشاعر مختلفة يشعر بها الإنسان، أو تظهر على ملامحه حين إحساسه بالخوف مثل سرعة خفقان القلب، والإحساس بوجع المعدة، الرعشة، تصبب العرق، الشعور بالضعف، الإغماء والقيء، ومظهر "سلوكي" ويتمثل في اضطراب شخصية الفرد ويبدو في ظهور المشكلات التي يعاني منها الطفل والأسرة بأكملها كالتهتهة في الكلام، والتبول اللاإرادي، و الحركات العصبية، والنوم المضطرب والانكماش والخجل وعدم الجرأة وعدم القدرة على التفكير المستقل والتردد.

والخوف استعداد غريزي أوجده الله في البشر لحماية أنفسنا وتجنب ما هو ضار لنا، ولولا الخوف لما ابتعدنا عن النار التي تحرق أو الحيوان الذي يفترس والمادة التي تؤذي والمرض الذي يقتل.

والخوف متعلم ومكتسب من البيئة التي يعيش فيها الطفل من والديه وأفراد أسرته، ويتعلمه مثلما يتعلم أخلاقه وميوله واتجاهاته، لذا يتوجب على الآباء عدم إظهار مشاعر الخوف أمام الأطفال، كما يتوجب على الأمهات عدم تخويف الأطفال من أجل تسكيتهم أو إجبارهم على النوم أو الخلود إلى الهدوء. وإذا كان الخوف ناشئا من مخاوف حسية فلا بد من ربط مصادر الخوف بأمور سارة ومحببة لدى الطفل، فمثلا يمكن معالجة حالة خوف الأطفال من الحيوانات كالقطة والكلب وذلك عن طريق تقرب أحد أشقائه الكبار إليها ولمسها بلطف دون أن ندفع الطفل لذلك، وبالتدريج يقترب الطفل من أخيه أو شقيقته ويربت على كتفها دون خوف.

وإذا كانت المخاوف لا تدرك حسيا من قبل الأطفال لعدم وجودها كالغول مثلا فالأمر يتطلب عدم إثارة الموضوعات تلك. أما إذا كانت موجودة كالموت فعلا فإنه يتوجب على الآباء شرح حقيقة الموت بما يتناسب مع عقل الطفل وسنه وخبرته وفتح المجال أمامه كي يتحدث عن الموضوع دون كبته حتى لا يبقى في حيرة فيما

يتعلق بحقيقة الموت، وأن لا يقع في صدمة عنيفة تنشأ عند وفاة أحد الوالدين أو أحد أقاربه.

يخاف الطفل حتى السنة الثانية من الغرباء وفي السنة الثالثة يخاف من الظلام، وإذا تركته أمه في رعاية أحد الأقارب، وما بين السنة السادسة وحتى العاشرة يخاف الطفل بسبب الخلافات والمشاحنات بين الوالدين، ويتسبب ذلك في متاعب نفسية كثيرة لدى الطفل، ويخاف كذلك من الفشل في التحصيل المدرسي، ومع بدء المراهقة تخاف الأنثى من ظهور حب الشباب على وجهها أو من قصر قامتها، وبالإجمال فإن معظم مخاوف المراهقين ناتجة عن شعورهم بعدم الأمان أو عدم معرفة المجهول بالنسبة لهم.

والفرق بين الخوف والقلق إن الخوف مصدره محدد أما القلق فمصدره غير محدد وإن كان الخوف أحد مصادره.

وإذا حددت أسباب الخوف يمكن إزالته بزوال أسبابه أما القلق فمستمر والخوف ملامحه ظاهرة أما القلق فملامحه خافية.

وللخوف أسباب عديدة منها الخوف من الحيوانات والخوف من التشاجر والخوف من الموت أو رؤية الجروح أو حوادث السيارات والخوف من الفشل والخوف من الظلام والخوف من الأماكن الخطرة والخوف من ركوب السفن والطائرات. وهذه المخاوف كلها إذا لم يعمل الآباء والمربون على زوال أسبابها تشب مع الطفل، وتتعايش معه، وتقلق راحته، وتقيد حريته، ويضطرب سلوكه من جراء ذلك. لذا علينا أن نتعاون جميعا آباء ومربين ومسؤولين لتقديم العون والمشورة والنصيحة في تربية أطفالنا وتنشئتهم تنشئة اجتماعية سوية صحيحة تضمن لهم الأمن والحب والرعاية والاطمئنان حاضرا ومستقبلا.

اللعبة أجمل هدية تدخل السعادة
على قلوب الأطفال

لم تعد اللعبة مجرد وسيلة للتسلية يلهو بها الطفل ثم يتركها، إنما هي في الواقع وسيلة الذوق والقدرات وتدريب العقل بشرط أن نجد بسهولة اللعبة المناسبة للسن المناسبة، ولكنها في الواقع مشكلة للسواد الأعظم من الأطفال في عالمنا العربي لأن الطفل محروم للأسف من اللعبة الجميلة "فيما عدا اللعبة المستوردة والتي لا يقدر على ثمنها إلا عدد محدود جدا" كما أنه محروم أيضا من الكتاب الجذاب وإن كانت مشكلة اللعبة أكثر تعقيدا لأنه يتعامل مع اللعبة في سن مبكرة تسبق بعدة سنوات تعامله مع الكتاب المصور. فمنذ الشهور الأولى تتدرب يداه الصغيرتان على الإمساك بالخشخيشة الملونة. وعلى الرغم من بساطة هذه اللعبة إلا أن مصانع اللعب العالمية تهتم بها وبألوانها وتدخل عليها الجديد باستمرار. وفي السنة الأولى من العمر يحتضن الطفل بكل حنان الدب المصنوع من الفراء وهي لعبة الأطفال المفضلة في هذه السن.

ويؤكد علماء النفس أن ارتباط الطفل بهذه النوعية من اللعب يرجع إلى احتياجه للدفء والحنان. والملمس الناعم للدب يطابق تماما الدفء الذي شعر به عندما تضمه أمه في حضنها. وفيما بعد السنة الثانية يكون الطفل قد أتقن النطق وتعلم بعض الكلمات فيلجأ فورا إلى دميته ليتحدث معها فهي رفيقته طوال هذه المرحلة وتلازمه في سريره وفي ساعات تناوله الطعام، وقد يشكو لها ببساطة مما يضايقه. وهكذا تتحول اللعبة تلقائيا إلى وسيلة تساعد الطفل على التعبير والتنفيس. وفي سن الرابعة يتخلى الطفل عن دميته مفضلا عليها العرائس المتحركة والعربات التي تتسابق أمامه والمكعبات التي تحليها الصور أو الحروف الملونة. ويميل الطفل كذلك إلى قطع البلاستيك أو "الليجو" التي يكون فيها أشكالا حسب قدرات خياله

وذاكرته. ومع التدرج في السن يكثر عدد القطع وتصغر مساحتها وتحتاج إلى قوة الملاحظة والقدرة على التخيل لتنفيذ صورة دقيقة.

وكل هذه اللعب ليست مجرد تضييع للوقت أو قتل الفراغ في حياة الطفل إنما في الواقع وسيلة لتنمية قدراته وتدريبه على المهارات وإشباع فضوله.

والطفل عادة يتمتع بخيال خصب يجب استغلاله من خلال اللعبة، وبالتالي من الضروري أن تتدرج اللعبة مع نموه العقلي. لقد أصبحت اللعبة اليوم تعبر عن الواقع الذي يعيش فيه الطفل في مختلف مراحل نموه، ولهذا فإن لآراء علماء النفس والاجتماع أهمية كبيرة توضع في الاعتبار في مصانع اللعب العالمية عند تصميم لعب الأطفال، إذ أصبحت اللعب تساير أحدث التطورات التكنولوجية فهناك الكثير من الألعاب الإلكترونية التلفزيونية تناسب من تعدوا العاشرة وحتى السادسة عشرة.

أثر مركز الطفل في الأسرة
على شخصيته وسلوكه

إن علاقة الطفل بأفراد أسرته لها أثر عميق على نمو شخصيته وعلى تفاعله مع أفراد المجتمع خارج نطاق الأسرة. وفي الأسرة يقوم كل طفل بتطوير إطاره المرجعي الذي من خلاله يقيم ويتقبل العالم، كما ن العادات والمهارات التي يتعلمها في البيت تقرر قدرته على التعامل بنجاح في مواقف الحياة المختلفة.

إن السمات الشخصية وطبيعة الفرد هي تعبير عن تحرك الطفل ضمن مجموعة أسرته ومحاولاته ليأخذ مكانه في الأسرة. إن كل طفل في سنوات حياته الأولى وأثناء تفاعله مع الآخرين يكون أسلوبه الخاص به والمعتمد على جهوده ليحصل على مكانه داخل الأسرة.

يؤثر مركز الطفل في الأسرة أي كونه الطفل الأول أو الأصغر أو الوحيد في أسلوب تربيته وتنشئته الاجتماعية وعلاقته الاجتماعية.

فالطفل الأول يمثل بداية لحياة جديدة في الأسرة فهو أول خبرة لوالديه، والأم التي تحمل لأول مرة فيكون لديها توقع مصحوب بالقلق قبل الولادة، ولا شك أن النظرة الأولى للطفل يكون ملؤها الفرح وقد يلونها انفعال غريب سببه أن شكل الطفل بعد الولادة لا يكون كما توقع الوالدان وسرعان ما يزول هذا الانفعال مع نمو الطفل.

ويكون الطفل الأول مجالا للمحاولة والخطأ في كثير من أمور التربية والرعاية، ففيه يتعلم الوالدان الوالدية لأول مرة ومعه يطبقان عمليا ما تعلماه نظريا والفرق شاسع بين النظرية والتطبيق، وقد يجد الوالدان صعوبة في أول الأمر في التوافق مع وضعهم الجديد وما طرأ على حياتهما من تغيير، فحرية الحركة

والزيارات والفسح تصبح محدودة ولا بد من نظام جديد تعتاد عليه الأسرة. وقد تحول الأم اهتمامها ولأول مرة عن الزوج إلى الطفل مما يشعر الزوج بنقص اهتمام زوجته عن ذي قبل.

ومع نمو الطفل يصبح محط أنظار والديه وبؤرة مطامحهما، يدفعانه دفعا لتحقيقها وقد ينتج عن ذلك أحد أمرين: فإما أن يحقق هذه المطامح وتسير الأمور على ما يرام، أو يحدث العكس فينشأ لدى الطفل القلق والإحباط والحساسية النفسية. وقد ينال الطفل الأول الكثير من الحماية الزائدة والتدليل ويشعر أنه مركز اهتمام الأسرة، وقد يشعر حين يأتي الطفل الثاني إذا لم يكن قد أعد لذلك أعدادا خاصا أن كارثة قد حلت به.

وقد دلت البحوث التي أجريت على الطفل الأول أنه يجلس ويحبو ويتكلم ويمشي أسرع من أخوته الأصغر، وعندما يكبر يساير معايير الجماعة أكثر، ويكون أقدر على حل المشكلات في المواقف الاجتماعية، ويميل إلى القيادة والسيطرة في الأسرة وحتى في جماعة العمل. وفي نفس الوقت فإن الطفل الأول قد يعاني من بعض المشكلات خاصة من الناحية الجسمية فهو عادة أصغر حجما وأقل وزنا من أخوته الذين يأتون بعده، ويكون سبب ذلك أنه الولادة الأولى للأم أو يكون هناك صعوبات في عملية الإرضاع.

أما الطفل الثاني فإنه يحظى باهتمام لا يضاهي اهتمام والديه بالطفل الأول ولكن رعايته وتربيته تكون أفضل بكثير من الطفل الأول وذلك للخبرة العملية التي حصل عليها الوالدان من جراء تربية الطفل الأول. إن وجود الطفل الثاني يسبب حساسية شديدة وقلقا وإحباطا لدى الطفل وذلك لغيرته الشديدة منه بسبب عدم إعداده إعدادا خاصا لاستقبال المولود الجديد، وتعيش الأسرة من جراء ذلك فترة اضطراب وانفعال وذلك بسبب مرور الطفل الأول بفترة عصبية لم يشهداها من

قبل، وخوفهما الشديد على الطفل الثاني من اعتداء الطفل الأول عليه وذلك كي يتخلص منه لأنه انتزع منه مركزا هاما كان يتمتع به وحده.

يتمتع الطفل الثاني بصحة جيدة وبنية ممتازة أكثر من الطفل الأول، وذلك بسبب انخفاض درجة الوسوسة في تربيته ورعايته من قبل والديه، والتقليل من الحماية الزائدة عن الحد التي كان يتمتع بها الطفل الأول.

لا يحظى الطفل الثاني بمركز مريح أو بمكانة محددة في الأسرة فهو يشعر بالرفض بأنه غير متمتع بالامتيازات التي للأخ الأصغر أو بحقوق الأخ الأكبر فتضطرب سلوكاته من جراء ذلك ويحاول تقليد الصغير حتى في كلامه وتصرفاته، ويكون الصغير أقرب إليه من الكبير ويحاول أحيانا الاعتداء عليه وذلك لغيرته الشديدة منه، ويصاب الطفل الثاني بمشكلة يعاني منها الوالدان وهي مشكلة التبول اللاإرادي وذلك بسبب غيرته الشديدة من أخيه الأصغر. وشخصيته جيدة ودود محب للآخرين ومساعدتهم ويحاول التقرب منهم وذك لإثبات وجوده خارج نطاق الأسرة.

أما الطفل الأصغر في الأسرة فله بعض المزايا وبعض العيوب فهو عادة يمثل مكانا خاصا في قلبي والديه لأنه الأصغر والأضعف وآخر العنقود، وقد يفوق الطفل الأصغر إخوته ويكون نموه حسنا نتيجة لاستفادته من خبرات والديه اللذين قد أصبحا على مستوى أعلى من الخبرة في تربيته، يعامل باعتباره الطفل الأصغر حتى مهما كبر، ويكون أكثر اعتمادا من بقية إخوته على الكبار. وقد يشعر بالنقص وعدم الكفاية حين يقارن نفسه بالأكبر دائما وقد تظهر لديه بعض علامات الخجل والانطواء والجبن والخوف من الغرباء.

وتصبح الكارثة كبيرة حين يجيئ الطفل الأصغر رغم إرادة والديه فيطلق عليه "الولد الغلطة" أو "الزائد" عن المطلوب أو ينظرون إليه على أنه عبء غير مرغوب فيه، ولا يخفى ما لهذا من تأثير سيء على نمو الطفل. وإذا كان الطفل

الأخير لوالدين قاربا الشيخوخة فموقفه يكون حساسا إذ قد يكون أضعف إخوته وأكثر عرضة لاضطرابات النمو أو يصاب بنوع من الأمراض العقلية وهو المنغولية وقد يكون موقفه أكثر حساسية إذا أصبح يتيما وهو ما يزال في طفولته.

أما الطفل الوحيد فيكون مركز الاهتمام في الأسرة فعلا إذ ينال رعاية كبيرة وزائدة ومركزة وتنحصر فيه آمال عظيمة وتوقعات ضخمة، ومن مزاياه النمو اللغوي المتقدم لتحدثه كثيرا مع الكبار وتحدثهم معه، وتمتعه بالمهارات الاجتماعية المتقدمة لتفاعله مع الراشدين، وهو لا يعاني من مشكلات الغيرة والمشاكسة مع إخوته.

وقد يقع الوالدان في خطأ الرعاية والحماية الزائدة له وقد يدللانه تدليلا مفرطا مما يؤثر تأثيرا سيئا على نمو شخصيته، فيصبح معتمدا عليهما لا يتحمل المسؤوليات المناسبة لسنه. ومن جراء تفاعله مع الكبار يجد صعوبة في تفاعله وتوافقه مع رفاق سنه وإذا لم يتوفر الأصدقاء ولم يتيسر إلحاق الطفل بدار الحضانة فإنه سيعاني من الوحدة.

ويجب أن يعوض الطفل الوحيد عن إخوته بعدد مناسب من رفاق سنه حتى ينمو اجتماعيا من خلال التفاعل معهم. ومما يفيده إلحاقه بدار حضانة وشغل وقت فراغه بالهوايات التي يرغبها.

رسالة من طفل إلى أمه

إن إحدى وسائل الاتصال المعروفة في جميع أنحاء العالم هي كتابة الرسائل التي يتداولها الأفراد، يبث الواحد فيها للآخر أشواقه وأخباره، آلامه وأفراحه، إحباطاته وطموحاته وكل ما يعتمل في داخله. وهذا بطبيعة الحال طبيعي جدا، ولكن الذي يثير الدهشة والاستغراب تلك الرسالة التي وجهها طفل صغير إلى أمه يشرح فيها مآخذه على تصرفاتها تجاهه والتي ستؤدي إلى نتائج قد تؤثر في مستقبل حياته. وإليك أيتها الأم نص الرسالة بالبنود العريضة:

1- لا تكثري من تدليلي وتلبي كل ما أطلبه منك دون روية أو تفكير لأنك لا تدركين أنني أختبرك في ذلك فقط.

2- لا تخافي لكونك حازمة معي بل تأكدي أنني أفضل ذلك ويجعلني أشعر بطمأنينة أكثر.

3- لا تجعليني أكون عادات سيئة يكون تأثيرها واضحا في مسار حياتي، وما ذاك إلا لأنني أعتمد عليك في كل شيء وأقلدك في كل شيء.

4- لا تعامليني بطريقة تشعرني أني ما زلت صغيرا لأن ذلك يؤثر في مراحل نموي المختلفة وخصوصا في مرحلة الشباب.

5- لا تصححي أخطائي أمام الناس كي لا أشعر بالإحراج، وأفضل أن تناقشي ملاحظاتك عن أخطائي بيني وبينك، لأن ذلك يعزز شخصيتي ويشعرني باهتمامك الشديد بي وحرصك علي.

6- لا تحميني من عواقب الأمور بل أعطيني مجالا لذلك فإنني بحاجة لاكتشافها بنفسي حتى ولو كانت مؤلمة جدا لأن ذلك يعزز اعتمادي على نفسي كثيرا.

7- لا تجعلي من غلطاتي خطايا لأنها تفقدني الإحساس بالقيم وتزعزع الثقة في نفسي.

8- لا تغضبي إذا قلت لك يوما "إنني أكرهك"، أنا لا أكرهك شخصيا ولكني أكره قوتك التي تستغلينها لإحباط مقومات شخصيتي.

9- لا تشعريني بالاهتمام أثناء اعتلال صحتي فقط بل اعلمي أني في أمس الحاجة إلى اهتمامك في كل الأوقات حتى ولو كنت أتمتع بصحة جيدة.

10- لا تلحي علي لتأدية أمور لا أحبها ولا ترغميني على ذلك، وإذا فعلت فإني سأحاول أن أحمي نفسي بأن أتظاهر بالصمم.

11- لا تكثري من الوعود التي ليس في مقدورك تحقيقها بل تذكري أن ذلك يخيب ظني فيك إذا لم تحققي هذه الوعود.

12- لا تنسي إني لا أستطيع التعبير عن نفسي كما يجب لذا تجديني أقع في الخطأ دائما، فأنا أرجوك أن تساعديني بطريقة إيجابية كي تعززي الثقة في نفسي.

13- لا تبالغي بأمانتي كثيرا أمام الناس لأن ذلك سيقودني إلى الكذب.

14- لا تصديني كلما حاولت الاستفسار عن الأشياء التي لا أفهمها ولكنها تثير فضولي، فإن فعلت ذلك فسوف ألجأ إلى مصادر أخرى أبحث عن أجوبة لاستفساراتي وأسئلتي.

15- لا تصري على أن مخاوفي لا وجود لها، إنها بالواقع حقيقة حاولي قدر جهدك أن تفهمي ذلك وساعديني على إزالة مخاوفي وتهدئة روعي.

16- لا تفترضي أنك كاملة وبلا أخطاء احذري أن تفعلي ذلك فإن صدمتي ستكون كبيرة إذا اكتشفت يوما أنك عكس ذلك.

17- لا تتظاهري بالبراءة لأن ذلك سيربكني ويجعلني أفقد الثقة فيك إذا اكتشفت يوما أنك عكس ذلك.

18- لا تفكري مطلقا أن الاعتذار لي يمس بكرامتك ويقلل من قدرك، بل بالعكس فالاعتذار الصادق الذي في محله يقربني منك ويجعلني أحس بحبك واهتمامك.

19- لا تنسي أني أحب التجارب وأحاول أن أكتشف كل جديد، ولن أنمو نموا سويا إلا إذا ساعدتني على ذلك.

20- لا تنسي أن جميع مراحل نموي وتطوري بحاجة ماسة إلى حبك وعطفك وحنانك ورعايتك واهتمامك لأن ذلك يؤثر في حياتي الآنية والمستقبلية، ولا شك أنك تعلمين أن طفلك مكون من لحم ودم ومشاعر وأحاسيس.

أمي هذه رسالتي إليك وإلى كل أم اقرئيها وتمعني بها كي تحافظي على فلذة كبدك وتحميه من عثرات الزمان.

حكمة الأطفال

لقد كثرت التقولات والتساؤلات حول الطاقة الفطرية العجيبة التي يتحلى بها الأطفال حتى في الساعات الأولى من ولادتهم. ولتسليط الضوء للإجابة على بعض هذه التساؤلات إليك أيها القارئ العزيز بعض الدراسات التي أجريت لمعرفة هذه الطاقة العجيبة.

قال وليم جيمس:

"إن الطفل برعم مزهر وكتلة من الارتباك والتشوش خال من الأفكار المترابطة والحواس".

وقال جون لوك:

" يدخل الطفل العالم كلوح أملس مفتوح لخبرات الحياة كي تكتب عليه".

إنهما بلا شك مخطئان، لأن ما أثبتته الأبحاث والتجارب الحديثة في المختبرات والمستشفيات تشير إلى أن الأطفال مركبات هائلة معقدة من المعلومات والأفكار، كما أنهم قادرون أن يصنعوا أكثر وأكبر مما نتصور وهذا ما قاله الأخصائي النفسي (مايكل لويس) مدير مؤسسة دراسة النابهين في برنستون نيوجيرسي.

وفي دراسة للسلوك العقلي للأطفال، وجد علماء تقنية العقل والإنسان أن الأطفال يطورون فكرة الذات بسرعة لكونهم يختلفون عن المخلوقات الأخرى في العالم. وبالرغم من النظرة السائدة على أن اللغة تشكل أفكار الإنسان، إلا أن نتائج الدراسات قد أظهرت أن المواليد يتمتعون بمقدرة عقلية فطرية باستطاعة الآباء أن ينشطوهم ويثيروهم في أوقات مبكرة كي تقوم هذه المقدرة العقلية الفطرية بعملها خير قيام.

الحواس:

يطور المواليد وبكل وضوح حواسا حادة منذ الشهر السادس للحمل، هذا ما قاله طبيب الأطفال " بيري برازيلتون" من مستشفى الأطفال في المركز الطبي في بوسطن، فحين تلبس الحامل حزام البطن لقياس استجابة الجنين، وتدخل غرفة ذات أضواء ساطعة وأصوات مزعجة يجفل الطفل من جراء ذلك، وبالعكس فالأضواء الخافتة والأصوات الهادئة تساعد الطفل على الاستكانة والهدوء، وبعد الولادة بمدة قصيرة (شهر أو شهرين) يكون المولود قد ملك حواسا أكثر حدة وأصبح في مقدوره التمييز بين أصوات والديه وخصوصا صوت الأم أو صوت أي شخص آخر من المقربين إليه (الأخوان، والأقارب).

ولأن المواليد يدركون عالمهم منذ لحظة دخوله فإنهم يصلون مهيئين لاكتشافه وفهمه، وقد تحير الباحثون متى تخبو هذه الموهبة الطبيعية وتبدأ مرحلة الخبرة. وتشير الأدلة إلى أن الأطفال يقومون بحركات غير إرادية منذ الشهور الثلاثة الأولى للحياة. فمثلا يضحك جميع الأطفال حتى ولو كانوا مصابين بالعمى، ويشد جميع الأطفال على الأشياء حين نضعها في راحات أيديهم.

يولد الأطفال مزودين بمجموعة من الميول لتمييز العالم بطريقة معينة، هذا ما قاله الأخصائي النفسي (جيروم كاجن) من جامعة هارفارد. فمثلا يميز الأطفال شيئا يتلاءم مع هذه الميول كرؤية صورهم في مرآة وتتلاءم هذه الرؤية مع حاسة الذات الكامنة، وتبدأ خبراتهم بامتصاص واستيعاب ما حولهم. ويتعلم الطفل المعلومات في حاسة وينقلها إلى حاسة أخرى. وقد أوضحت ذلك الأخصائية النفسية "سوزان روز واجنر" من كلية إنشتاين للطب في نيويورك في تجربة نموذجية لها حيث تقول:

حين يشجع الطفل وبلطف أن يصل من خلال شاشة صغيرة كي يلمس نجما خشبيا بسيطا تتسع حدقة عينيه بحب الاستطلاع ويمسك ويتحسس سطحه

بأنامله القصيرة الصغيرة، وإذا وضعنا كرة خشبية فوق صينية إلى جانب النجم الخشبي وعرضناهما للطفل نرى أن الطفل قد يميز النجم الخشبي أولا، ثم يصيبه الملل منه ويتركه ويمتد بجسمه كي يصل إلى الكرة الخشبية. " هنا نقل المعلومات من حاسة البصر إلى حاسة اللمس". وفي الشهر السادس من العمر يكون باستطاعة الطفل أن يعرف الشيء حين يلمسه من خلال الشاشة الصغيرة، وتتمكن مقدرته من الربط بين اللمس والرؤيا ويتشكل لديه أساس التفكير الرمزي.

خصائص عامة عن الطفل:

قامت الإخصائية النفسية (لسلي كوهن) من جامعة تكساس بتجربة لمعرفة مقدرة الطفل على تشكيل الفئات كأساس للتفكير العقلي حيث عرضت للأطفال مجموعة صور من فئة واحدة وسجلت الوقت الذي يستغرقه الطفل في النظر إليها. كما عرضت لعبا من الحيوانات المختلفة بمواد خاصة كالقطن أو الصوف مثلا، فبدأ الأطفال يشعرون بالملل بسرعة من جراء استطالة النظر إلى الحيوانات المحشوة، واستنتجت الإخصائية كوهن أن طفل السبعة أشهر يميز أن الحيوانات المحشوة هي أشياء من نفس الفئة سواء أكانت أرانب أو دببة لأنها لا تتحرك أو تحدث صوتا ولذا فكلها سواء في نظره، ولكن حين تقحم صورا لفئة أخرى كالخشخيشة مثلا نرى أنها تجذب انتباهه وتسعده، وتظن الأخصائية كوهن أن الأطفال يميزون خصائص عامة من أمثلة كثيرة ويستعملونها في تركيب الفئات. وهذا التفسير في تشكيل الفئات يناقض الاعتقاد السائد بأن الجنس البشري بحاجة إلى لغة كي يحقق النقلة العقلية من التخصيص إلى التعميم. لقد فكر الأخصائيون النفسيون أن الجنس البشري يستعمل كلمة بناء للبيوت والمصانع والمعامل من أجل صفة التعميم عند الأطفال لا يتطلب استعمال كلمات مترادفة لكلمة بناء، لأنهم يجردون الملامح العامة كي ينتزعوا الصورة العقلية من النموذج الأصلي. وإذا

انتزعوا صورة مجردة للحائط أو السقف أو أية ملامح لبناية أخرى فأية بناية يمكن وضعها في فئتها الصحيحة.

ألعاب الأطفال: -

حين يصبح الأطفال أكثر نموا يبدأون بملاحظة العلاقات السببية، حيث يفهم أطفال العام الواحد، أن الأحياء تتعامل مع أشياء فاقدة الحس والحركة، هذا ما قالته (روبيرتا جولن كوف) من جامعة دلاوير، فحين تضع الأم لعبة أبعد من مدى وصول طفلها سرعان ما يبدأ بالحركة والضجيج كي يقربها ويحتفظ بها لنفسه. ويتعلم الأطفال ما بين الشهر الثامن والحادي عشر أن الأشخاص هم السبب في تحريك هذه اللعب والدمى. وغالبا ما يمسك الطفل بيد أمه أو ينظر في عينيها كأنه يسألها أن تعطيه ما يريد. ويميز الطفل السببية لا لأنه يتعلمها من الخبرة أو يتعلمها بالتفكير النقي بل لأنه يميزها بالفطرة والبديهة.

وحين يدرك الأطفال أنهم ليسوا في جزر معزولة عن عالمهم يبدأون في ممارسة هذا العالم بأنفسهم. وفي دراسة (لمايكل لويس) من برنستون، يقول: _"حين نضع الأطفال الذين تتراوح أعمارهم بين ثمانية وعشرة أسابيع أمام شاشة ونشد حبلا كي نحرك دمى كالأراجوز مثلا ، فإن الطفل يستمر بالاستمتاع وهو ينظر إلى هذه الدمى المتحركة مدة 17 دقيقة ويشعر بالملل بعد 12 دقيقة إذا شد الحبل ولم تتحرك الدمية.

يتطور الأطفال بسرعة كبيرة بالنسبة لاستجابة الآباء لهم وإشعارهم أنهم مسيطرون في عالمهم، فمن عادة الأمهات أن يتحدثن إلى أطفالهن البنات أكثر من تحدثهن إلى أطفالهن البنين، لذلك نرى أن الأطفال البنات يتمكن من مهارة الكلام ويتقنها قبل الأطفال البنين.

ويصل الأطفال في نموهم مرحلة هامة من مراحل حياتهم إذا اكتسبوا فكرة "الذات" فقد قال أخصائيو النفس أن هناك جزأين لهذه الفكرة : الجزء الأول يصف المخلوق البشري بأنه كائن حي منفصل ومختلف عن بقية الكائنات. والجزء

الثاني يتزين بصفات الجنس والسن والقدرات. ففكرة الذات حتمية للمشاركة في هذا العالم لأنها تشكل الأساس الجوهري لكل شيء.

واختبر لويس الأطفال لمعرفة إذا استطاعوا تمييز أنفسهم بجعلهم ينظرون في مرآة لمدة وجيزة، ثم دهن أنوفهم بصباغ أحمر، ووجد أن الأطفال ذوي التسعة أشهر يمسكون بأنوفهم أكثر حين تصبغ بالألوان، مما يدل على أنهم يميزون انعكاساتهم كما أنهم يميزون الصفات التي تفصلهم عن الأشياء الأخرى.

إن الطفلة الأنثى تناغي وتبتسم لرؤية صورة طفلة أكثر من رؤيتها لصورة طفل آخر بمعنى أنها تكتسب فكرة أنها (تشبهني).

ويبدأ الطفل منذ الشهر الخامس عشر يوضح استنتاجاته واستدلالاته عن علاقات الناس بعضهم ببعض وعن علاقات الناس به، إذ اختبر لويس الأطفال لمعرفة مدى فهمهم (للنقلة الاجتماعية) كفكرة صديق أمي أو أبي صديقي . فوجد أن الأطفال يستطيعون تمييز وجوه الناس المألوفة لديهم مثل أقرباء أو أصدقاء الأم أو الأب فوجدهم يبتسمون لهم ويتقربون منهم بينما نجدهم ينفرون من الوجوه الغريبة غير المألوفة.

ويرى العلماء أن للأطفال أدمغة عجيبة وبدأوا في تطبيق نتائجهم على ذلك. إذ يقولون إن الطفل يبدأ بالاستجابة لأمه منذ فترة الولادة، ولذا على الآباء توفير البيئة التي تساعد الأطفال على الاستجابة السريعة باللعب والدمى المتحركة، كما يجب أن يستجيب الآباء للأبناء وبسرعة كبيرة فكلما شعر الطفل بمدى تأثيره على عالمه كلما ازداد مشاركة فيه وقبولا له.

طفل اليوم والمدرسة الحديثة.

لقد أصبح الطفل موضع الاهتمام كله ومحور الارتكاز ونقطة البداية والنهاية في عملية التربية والتعليم الحديثة، فالمربي الحديث حريص كل الحرص أن تكون صحة الطفل الذي بين يديه سليمة، وحريص كذلك كل الحرص أن يتعرف ميول هذا الطفل وحاجاته، قدراته واستعداداته قبل أن يقدم على أية عملية من عمليات تعليمه.

ومن أبرز عمليات التعليم التي عني بها مربو العصر الحديث "موضوع القراءة" وخصوصا تعليم القراءة للأطفال المبتدئين. لأن القراءة هي الأساس الذي يرتفع عليه بناء التربية والتعليم، وهي الباب الذي تدخل منه المعارف والخبرات جميعا.

وقد برزت بجلاء إلى حيز علم النفس التربوي حقائق ثلاث في ميدان تعليم القراءة للمبتدئين:-

1- أن الطفل الذي يبدي رغبة في تعلم القراءة في أي سن من سنيه يشجع على ذلك بسبب خبراته السابقة في البيت والمدرسة (الحضانة ورياض الأطفال).

2- أن الأطفال يختلف بعضهم عن بعض اختلافات كبيرة (الفروق الفردية) في مدى استعدادهم لتعلم القراءة عندما يدخلون الصف الأول الابتدائي.

3- إن عددا كبيرا من الأطفال بحاجة إلى مزيد من التدريب والخبرة والاستعداد قبل أن يقدم أحد على تعليمهم القراءة تعليما رسميا منظما.

إن عملية النمو القرائي شأنها شأن عمليات النمو الأخرى، عملية متدرجة، وأن طبيعة الطفل الجسمية والعقلية تقتضي هذا التدرج. وإن كل طفرة من عمليات نموه مصدر خطر جسيم، وعلى الآباء والمعلمين أن ينتبهوا له ليتجنبوه، وأن عليهم أن يأخذوا بيد الطفل الصغير في مراحل نموه بأناة وروية وتبصر.

ومن المعلوم أن الطفل ينمو نموا جسميا وعقليا وانفعاليا واجتماعيا، وأنه يجتاز مراحل نمو أطلق عليها علماء التربية أسماء معينة وحددوا لكل مرحلة منها سنا معينة، ووضحوا الأنماط والخصائص التي يتميز بها الطفل في كل مرحلة منها، وأصبح لزاما على كل من يعنى بالتربية والتعليم من معلمين وآباء أن يلموا بهذا الموضوع إلماما كافيا يمكنهم من تفهم الطفل قبل تحمل مسؤولية تربيته وتعليمه وكم من المشاكل التي يعاني منها الآباء والمعلمون في تنشئة الأطفال ناجمة عن سوء فهمنا للطفل وخصائصه المميزة في مراحل نموه فيعانون ويعاني معهم الطفل نفسه.

دراسة الطفولة وأثرها على تربية الطفل

من وجهة نظر أرنولد جيزل

يعتبر هذا العالم من أشهر الأساتذة المحاضرين في جامعة "بل" في الولايات المتحدة الأمريكية، فقد تخصص في دراسات الطفولة واهتم بها كثيرا وقدم أبحاثا شملت مراحل نمو الطفل المختلفة وخصائص ومميزات هذه المراحل وتحديد أفضل السبل لتربية الطفل.

ومن الملاحظات الهامة التي سجلها نتيجة دراساته المختلفة أكد جيزل أن أكبر نسبة من الوفيات التي تتم في الولايات المتحدة تكون في فترة الطفولة المبكرة التي تغطي السنوات الخمس الأولى من حياة الطفل "أي سن ما قبل المدرسة" إذ بلغت هذه النسبة ثلث مجموع وفيات الأطفال من مختلف المراحل والأعمار، وأن الذين يموتون قبل سن السادسة يعادل عشرة أضعاف الذين يموتون في الفترة ما بين السادسة والخامسة عشرة.

لقد عزا جيزل هذه النسبة العالية لعدم الاهتمام بالأطفال كما يجب من حيث النظافة والرعاية واتباع الأسس الصحية السليمة في مرحلة الطفولة المبكرة لذا أوصى بأن نهتم بنمو هذا الطفل وأن نرعاه صحيا ونقدم له الغذاء الجيد وأن نوفر له القسط الوافر من الهواء النقي عن طريق الخروج به لزيارة الطبيعة ومنحه قدرا من الحرية في اللعب ووقتا كافيا للراحة والنوم.

أكد جيزل على أهمية مرحلة الطفولة المبكرة كونها تشكل حجر الأساس في بناء شخصية الإنسان، وهي التي تحدد معالم حياته في المستقبل من كافة نواحي النمو سواء أكانت الجسمية، النفسية، العقلية والاجتماعية. وقد برر ذلك بأن هذه المرحلة هي أنسب المراحل ، لأنها مرحلة النمو السريع وفيها الفترات الحساسة التي يتم فيها أنجح أنواع التعلم واكتساب الخبرة.

لم يهمل جيزل المراحل النمائية الأخرى بل درسها في كافة المستويات والميادين من حيث النمو اللغوي والحركي والوجداني والجسمي والاجتماعي.

لقد وضع جيزل عدة مستويات للنمو وأشار إلى ما يصاحبها ويلائمها من مهارات حركية ومقدرات لغوية وأنماط سلوكية متمشية مع النمو الطبيعي للطفل.

واتفقت آراؤه مع معظم آراء المدرسين والعلماء والدارسين على أن النمو الطبيعي للطفل والمستويات المرغوب فيها كلها تعني أن تتضمن الأنشطة المعدة لتربية الطفل في مدارس الطفولة بحيث تتضمن أيضا خبرات تتصل بالبيئة الاجتماعية خاصة في المنزل بحيث تتناول دروسا عن الموسم والعطلات المدرسية والمناسبات الوطنية والأعياد.

أما بالنسبة للعب فقد أوصى أرنولد جيزل أن يكون عاملا فعالا لتكوين عادات سلوكية صحيحة عن طريق اللعب بالمكعبات وقص الورق وتلزيقه لتكوين أشكال مختلفة وكذلك الرسم والتلوين، وأن يدرب الطفل على اكتساب الخبرات والمهارات اليدوية والتعاون والمشاركة والانضباط والاستجابات لتعليمات البالغين كالآباء والمربين.

سيجموند فرويد ونظرية

التحليل النفسي

يطلق تعبير السيكودينامي كاسم آخر لنظريات التحليل النفسي في علم النفس عموما، وعلم النفس التطوري بوجه خاص. وبالرغم من أن تفسير نظريات كثيرة اقترحت على أنها تفسيرات تتمشى واتجاه التحليل النفسي إلا أنها كلها جاءت من أصل واحد هي نظريات سيجموند فرويد في التحليل النفسي.

يرى فرويد النضج الانفعالي غرضا لتطور الفرد، وقد يتحقق هذا الغرض نتيجة للتفاعل بين القوى البيولوجية لدى الرضيع أو الطفل الصغير، وبين الخبرات الاجتماعية التي هي جزء من الحياة العائلية. أو قد يؤدي الصراع بين هذين الطرفين إلى تطور شخصية قلقة، إذ تظهر عليها أعراض المرض النفسي أو العقلي، وقد تركزت نظريات التحليل النفسي على دور خبرات الطفولة المبكرة في سلوك الفرد اللاحق.

لقد افترض فرويد وجود نوعين من الغرائز البيولوجية الفطرية عند الرضيع:

النوع الأول: غرائز الحياة ويعبر عنها الدافع الجنسي.

النوع الثاني: ويعبر عنها الدافع إلى العدوان.

وقد اعتبر فرويد هذه الدوافع مصدر الطاقة البيونفسية عند الفرد وتتركز هذه الطاقة في أحد المكونات النفسية الثلاثة التي افترضها لشخصية الفرد وسمى فرويد هذا المكون باسم "الهو" الذي يسير على مبدأ الحصول على الإشباع واللذة وتجنب الألم. أما المكون الثاني وهو "الأنا" ويتطور نتيجة لتفاعل الرضيع مع بيئته وتعبر نشاطاته عن التذكر والتفكير واللغة، والمبدأ الذي يتحكم في هذه النشاطات مبدأ "الواقع" في محاولات للاحتفاظ بالتوازن بين متطلبات "الهو" ومصادر الضبط الخارجي في المجتمع. ونتيجة لمحاولات الوالدين لتدريب الطفل على ما هو

صحيح وما هو خاطئ يتطور لدى الطفل المكون النفسي الثالث والأخير من مكونات شخصية الفرد وهو "الأنا الأعلى" ويتضمن هذا المكون ضمير الفرد وأخلاقه ومستوى الطموح لديه. ويعد تطور الفرد عند فرويد عملية تنتج من محاولات "الأنا" لحل الصراعات بين غرائز "الهو" التي تسعى إلى الإشباع الصريح المباشر لدوافع الجنس والعدوان، وبين ضوابط المجتمع متمثلة في أوامر ونواهي "الأنا الأعلى" لتأجيل إشباع هذه الدوافع وجعلها تظهر في أنشطة غير مباشرة بناءة بدلا من أن تكون هدامة للمجتمع. ويحاول "الأنا" حل هذه الصراعات عن طريق واحد أو أكثر من وسائل الدفاع النفسي ككظم الغيظ، والكبت ونكران الواقع والتبرير والإسقاط وغيرها. فإذا نجحت وسائل الدفاع هذه في تطوير توازن بين الفرد وبيئته تطورت شخصية سليمة للفرد، وأصبحت وسائل الدفاع هذه أساليب عقلية للتفكير والنشاط أما إذا فشلت فإن شخصية الفرد تثبت عند إحدى مراحل النمو وتطور لديه القلق وأعراض المرض النفسي أو العقلي.

وتحدث فرويد عن مستويات ثلاثة للوعي عند الفرد وقال: إن الدوافع الغريزية التي يعمل الوالدان على ضبطها وتأجيل إشباعها فإنها كأشكال سلوك وكأنماط تفكير تدور حولها تكبت في مستوى "اللاشعور" وتبقى تؤثر في سلوك الفرد دون وعي منه ولا يمكن تعرف مكنونات هذا المستوى إلا بوسائل التحليل النفسي. أما "الشعور" وهو المستوى الثاني فيشير إلى ما حول الفرد في البيئة وما يقوم به من نشاطات في الوقت الحاضر. والمستوى الثالث والأخير وهو " ما قبل الشعور" ويتضمن خبرات لا يعيها الفرد الآن، ولكن من السهل عليه بجهد بسيط أن يتذكرها وينقلها من مستوى ما قبل الشعور إلى مستوى الشعور.

فردريك فروبل ورياض الأطفال

ولد فردريك فروبل في عام 1782م لأب قسيس بروتسانتي في إحدى قرى ألمانيا ، وبعد تسعة أشهر من مولده تيتم من الأم، ولم ينل الرعاية الكافية من والده أو زوجة أبيه. وترك تحت رعاية الخدم، الذين أهملوا أمره وتركوه تحت رعاية أخوته الذين يكبرونه سنا.

حين ذهابه للمدرسة التي كانت خاصة بالبنات التقى بأترابه من الأطفال وأحس كأنه ولد من جديد، وتمتع بالراحة والهدوء وكأنه أصبح في حياة روحية سامية، وأخذ يقارن بين ما يراه ويتعلمه في المدرسة وبين ما يقوم به والده من عمل ديني مقدس، فنشأ متشبعا بالأفكار الدينية وقد شغف بقراءة ما تصل إليه يده من كتب وقرأ كل كتب الأطفال في محيطه.

ومع تطوره في النمو أكثر من التأمل الذاتي وتربية نفسه بنفسه، وقد تأكد أن باستطاعته أن يحيا حياة طهر واستقامة، بعيدة عن المعصية، متبعا مبادئ وقوانين الدين فجمع قواه وناضل ضد عوامل الشر.

ورغم نموه الأكاديمي إلا أن زوجة أبيه أصرت أن فروبل لا يصلح للتعليم فأرسله والده للعمل عند صاحب غابات مما أتاح له فرصة العيش في الطبيعة حيث تولدت لديه فكرة وحدة الوجود.

وفي عام 1799 كان فروبل في بداية الثامنة عشرة من عمره توسل إلى شقيقه الأكبر كي يقنع والده لإرساله لجامعة "يينا" كي يدرس الطب رغم الضائقة المالية التي يعيشها والده، وتفوق فروبل في دراسته ووقع الاختيار عليه ليكون عضوا في جمعية التاريخ الطبيعي. وفي سنته الجامعية الثالثة لم يكمل دراسته لأنه أودع في سجن الجامعة بتهمة عدم سداد ديونه الجامعية والأقساط المرتبة عليه. لكن أفرج عنه بعد أن دفع والده النفقات مقابل تنازل فروبل أمام مجلس الجامعة عن كل حقوقه في الميراث.

بعد تركه الجامعة بكل ألم وحسرة امتهن البناء لكنه اكتشف أنها ليست المهنة الملائمة له لأنه مقتنع في قرارة نفسه أنه خلق لبناء الرجال .

اتصل بالعالم "بستالوتزي" الذي ما إن علم بقصته حتى عينه مدرسا للأطفال، وبعد فترة ليست بالطويلة أسس معهدا خاصا به لرعاية الأطفال، حيث كانت خطته بسيطة فكل ما أراده أسرة مدرسية سعيدة وحياة هادئة في الطبيعة. ووجد أن المشاركة والعمل التعاوني هي من طبيعة الأطفال كما وجد أن هناك تناسقا بين الطبيعة والإنسان ورأى أن التعليم يجب أن يتم عن طريق الحياة والعمل.

وقد استغل الأعياد واستعان بالحفلات في تعليم الأطفال، وشجع أطفاله على القيام بالأعمال اليدوية وممارسة زراعة الحدائق، وكلف كل طفل بإصلاح ما يسببه من تلف لأي مادة أو أداة بسيطة يستعملها كما علم أطفاله الفن والرسم.

ترك فروبل ألمانيا واتجه إلى سويسرا وعمل هناك مدرسا ثم مديرا لمعهد المعلمين، وارتبطت باسمه مدرسة تجريبية تضم أطفالا في سن الثالثة حتى الخامسة أي سن ما قبل المدرسة، ولكنه ترك عمله غير مستمتع به ومضى عائدا إلى ألمانيا وأسس فيها معهدا جديدا أطلق عليه اسم "مدرسة التربية النفسية" لأطفال في سن ما قبل دخول المدرسة، ولكن هذه التسمية لم ترق له فأخذ يفكر باسم جديد لهذه المرحلة . وبينما هو في نزهة بأحضان الطبيعة وفكره شارد بما وهب اللـه الطبيعة من جمال خلاب جاءته فكرة من وحيها لتسمية معهده باسم "روضة الأطفال".

اتهم فروبل في أواخر أيامه بالإلحاد ووجد ضباب الشك ينتشر حوله لقيام بعض مناوئيه باعتبار تعليم البنات والأطفال في رياضهم وعلى طريقة فروبل تدفعهم إلى الإلحاد.

وتوفي فرودريك فروبل سنة 1852م ولم يلق هذا الرجل التربوي التقدير الذي يليق به إلا بعد سنوات عديدة من وفاته وذلك لأن من طبيعة الإنسان الظلم والجحود.

المدرسة الحديثة من وجهة نظر

جون ديوي

ارتبط اسم جون ديوي بالمدرسة الحديثة التي اعتبرت الطفل المركز الأساس للتربية ومحورها، رغم أن ديوي ليس الوحيد الذي تطرق لمثل هذه الحقيقة فقد سبقه روسو الذي ربط التربية بقوى الطفل وميوله الطبيعية، وهناك غيره من أمثال فروبل ويستالوتزي فقد أخذت التربية على أيديهما اتجاها تطبيقيا ومنتسوري وآخرون ممن لهم باع طويل في هذا المجال.

أبرز ديوي معالم المدرسة الحديثة وطورها نتيجة خبراته الطويلة المتصلة بالتربية العملية. لقد عمل ديوي وزوجته إلى جانبه وكانت مدرسة في المدرسة التجريبية الملحقة بجامعة متشغان في الولايات المتحدة الأمريكية، وإليهما يرجع الفضل في تأسيسها. انتشرت أفكار ديوي في أمريكا وأوروبا خاصة إبان الثورة الصناعية، وبالرغم من انتشارها فقد وجد مفكرون خالفوها وأعلنوا عدم رضاهم عن الأفكار التقدمية الحديثة التي ركزت عليها المدرسة.

من أهم اهتمامات ديوي تركيزه على تدريب الطفل على التكيف الاجتماعي كي يتلاءم مع الحياة المتطورة بفضل الثورة الصناعية وما أدخلته من تغييرات في حياتهم من كل جوانبها وخصوصا الحياة الاجتماعية، لأن المدرسة في نظر ديوي شكل من أشكال الحياة الاجتماعية الفعالة، ومن الضروري أن ترتفع عن كونها مكان يحشر فيه الأطفال لتلقي المعلومات الكافية.

إن العمل والممارسة من وجهة نظر ديوي هو الوسيلة الأولى لتعلم الأطفال وليست المدرسة المكان الوحيد الذي وجد لتلقينهم وحشو أذهانهم بالمعلومات البعيدة عن حياتهم العملية.

لقد ذاعت شهرة ديوي بعد أن صدر كتابه الشهير "الطفل والمنهج" سنة 1902 أثناء توليه إدارة كلية التربية في جامعة شيكاغو في الولايات المتحدة

الأمريكية، وهاجم في كتابه الطريقة القديمة التقليدية التي تقدم بها المعلومات للأطفال. ورفض فكرة تقسيم عالم الطفل لأن الطفل في نظره كل متكامل يحقق الربط بين الطفل والمنهج.

رأى ديوي أن تتخلى المدرسة عن واجبها الكتابي وأن تقدم للطفل خبرات عملية وواقعية بحيث تكون مكانا للنشاط بدل أن تكون مكانا للاستماع. ورأى أيضا أن الثورة الصناعية فككت الروابط الأسرية وجعلت الطفل بعيدا كل البعد عن حياته الواقعية لدرجة أن الطفل يجهل إعداد طعامه أو تأمين كسائه وأدواته.

وفي المدرسة الحديثة يتعلم الطفل المهارات عن طريق الحياة والعمل لأن المدرسة ليست جزءا من الحياة الاجتماعية بل هي الحياة الاجتماعية نفسها.

والتربية في نظر ديوي عملية تغيير أو تكيف ونمو مستمر في حياة الفرد، وتعمل دائما على إيجاد التوازن بين الطفل والبيئة التي يعيش فيها.

ويرى ديوي أن للتربية الحديثة وظيفتين هما:

1. وظيفة فردية: تعمل على تنمية الفرد كشخص قائم بذاته ويستمر في تكوين أفكاره وعاداته وذلك بمراعاة قدرات الفرد وغرائزه لتصل به إلى فرد سوي.

2. وظيفة اجتماعية: تجعل من الطفل فردا اجتماعيا يتكيف مع بيئته ويصبح عضوا فعالا يعلم ما له من حقوق وما عليه من واجبات تجاه المجموعة التي ينتمي إليها سواء في البيت أو المدرسة والمجتمع.

وأخيرا التربية في نظر ديوي ليست الإعداد للحياة بل هي الحياة نفسها.

من هي ماريا منتسوري؟

لقد كثرت في المملكة في الآونة الأخيرة مدارس تسير على النظام المنتسوري ولكن من منا يعرف من هي ماريا منتسوري؟

إنها ماريا منتسوري ولدت في إيطاليا سنة 1870 م لأب يعمل في السيف،وأمها إمرأة متدينة ومثقفة، عارضت ماريا أباها في اختيار مستقبلها إذ أرادها معلمة فرفضت ودخلت كلية الهندسة واقتحمت دنيا الرجال، ولكن رغبتها الشديدة لمادة الأحياء دفعتها إلى دخول كلية الطب وكانت من أوائل دفعتها حين تخرجت سنة 1896م.

عملت منتسوري في العيادة النفسية واهتمت بالأطفال كثيرا وشغفت بموضوع التربية وقرأت للعديد من التربويين وخصوصا بستالوتزي وفروبل، وقد أثر فيها بشكل إيجابي العالمان الفرنسيان جان إيتارد وإدوارد سيجوان، وقد دفع التحدي الطبيب إيتارد إلى الاهتمام (بالفتى الذئب) الذي وجد في غابة أفيرون بفرنسا، وكان يعيش وسط الذئاب وكأنه أحدهم، ولكن الطبيب إيتارد انتزعه من قبيلته وأسماه فيكتور وكان ضعيف البصر جدا ولا يكاد يسمع إلا بصعوبة.

وقد اعتمد إيتارد في تعليم فيكتور على تطبيق نظريته القائمة على الأسس التالية:

1- الملاحظة : ملاحظة السلوك.

2- اعتبار الحواس منافذ إلى النمو العقلي.

وقد أثر اسم فيكتور في ماريا منتسوري وفي جان بياجيه العالم السويسري، كما تتلمذ العالم والطبيب إدوارد سيجوان على يد إيتارد وشاركه في أبحاثه وتجاربه على (الفتى الذئب)، وكانت أفكار إيتارد وسيجوان متأثرة بآراء جان جاك روسو الذي اهتم بحواس الطفل كأدوات تستخدم في تعليمه.

قرأت ماريا منتسوري كتاب إيتارد عن (فكتور) واسمه (فتى فيرون المتوحش). وفي عام 1900 تولت ماريا إدارة مدرسة تجريبية خاصة بالأطفال المتخلفين عقليا وكان عددهم 22 طفلا، واستخدمت فيها ماريا أدوات تدريب الحواس لإيتارد وسيجوان بعد أن عدلت فيها كما تراءى لها.

وحاولت الطبيبة (ماريا منتسوري) التي دخلت الميدان التربوي أن تطبق طريقتها على الأطفال الأسوياء بعد أن تخلت عن الأطفال المتخلفين عقليا، وعادت طالبة وجلست أمام أساتذتها في التربية وعلم النفس.

أما اللبنات الأساسية الثلاثة في تفكير منتسوري التربوي فهي:

1- طبيعة الطفل.

2- مكان التعلم.

3- من يشرف على الطفل.

تقول منتسوري: كلما أخذنا على عاتقنا نحن الكبار عمل شيء نيابة عن الأطفال- وكان المفروض أن يعملوه هم- فإننا بهذا لا نساعدهم بل نعرقل نموهم. كما قالت أيضا: إن الطفل الذي لا يعمل لا يعرف كيف يعمل، ويظن البعض أن وضع الطعام في فم الطفل وإدخال قدمه في الحذاء وإلباسه ملابسه عمليات صعبة ومرهقة ولكنهم لا يعلمون أن الأصعب هو تعليمه كيف يأكل وكيف يلبس وكيف ينظف نفسه.

وقالت أيضا: لو ركزنا في تربية الطفل على تنمية إرادته فستصبح الطاعة أمرا ممكنا.

وقد أمنت منتسوري بأن الحرية وتحمل المسؤولية متطلبان أساسيان يجب أن يشعر بهما الطفل وهو يتدرج في نموه.

وفي ختام محاضرة ألقتها ماريا منتسوري في الهند قالت: "ساعدنا يا الله كي ندلف إلى أسرار الطفولة حتى يمكننا أن نعرف الأطفال ونحبهم ونخدمهم متمثلين بقوانين عدالتك السماوية ومتبعين مشيئتك المقدسة".

ويقول علماء النفس: يجب أن يتعلم الطفل كيف يتعلم في السنوات الأولى لأنه يصعب تعلمه بعد سن السادسة.

طريقة منتسوري في تعليم الأطفال التربية الحركية.

إن المبدأ الأساس لطريقة منتسوري هو أن الطفل في حالة تغيير مستمر ومكثف سواء في جسمه أو في عقله، كما ترى أن السنوات من (2-5) هي مرحلة بناء الفرد، أي هي السنوات التي تنمو فيها الذاكرة والتفكير والإرادة، وينهمك الطفل في هذه السنوات في بناء نفسه فيفضل العمل على اللعب، والنظام على الفوضى، والهدوء على الضوضاء، والاعتماد على النفس بدل الاعتماد على الغير والتعاون بدل المنافسة.

والنظام المنتسوري يؤكد على احترام شخصية الطفل وإبعاده عن تأثيرات الكبار حتى ينمو نموا طبيعيا، ولهذا كان لا بد من إيجاد البيئة المناسبة والمهيأة التي توفر له جوا مشبعا بالهدوء والطمأنينة مع استمتاعه بقدر كبير من الحرية.

وتتيح طريقة منتسوري للطفل الفرص والمثيرات ليكتسب خبرات حياتية وليزيد انطباعاته عما حوله، وليتعلم بالعمل، ويعرف طريقه إلى النجاح في مراحل متدرجة تتماشى مع أطوار نموه، ويتم ذلك بتوجيه من مرشدات البيت   (تسمي منتسوري من تشرف على تعليم الأطفال بالمرشدة وليس بالمعلمة أو المدرسة) المدربات تدريبا خاصا على العمل مع أطفال منتسوري التي تعتمد طريقتها على الفهم الواعي والعميق للطبيعة البيولوجية والنفسية للطفل وخاصة في فترات عمره الحساسة من (2-5) سنوات، فتساعد الطفل على تقوية وتدعيم إحساسه بالنظام ورغبته في الاكتشاف.

تعترف طريقة منتسوري باهتمام الطفل التلقائي بالتعلم وتحترم حق الطفل في أن يتعلم بنفسه، وحقه في الاختيار، وأن يتمتع بالاستقلالية، ولذا لا بد من تنظيم المثيرات التي تحفز قدراته الابتكارية، كما يجب توجيه كل طفل حسب إمكاناته وحاجاته ليحقق نموه الطبيعي بالسرعة التي تتناسب مع طبيعة نموه الخاصة به.

وقد عمدت منتسوري إلى تصميم مجموعة كبيرة من الأدوات والأجهزة التعليمية حتى يستخدمها الأطفال، وقد راعت فيها أمورا عديدة منها على سبيل المثال التدرج في العمل من البسيط إلى المركب ومن المحسوس إلى المجرد... وقد يجد الطفل أن ما اختاره من الأدوات التعليمية صعب ولا يستطيع التعامل معه فيتحول عنها إلى أبسط منها، والقصد هنا إن الخطأ أو الفشل أمر مؤقت ويجب ألا يؤثر على نفسية الطفل وبالذات على ثقته بنفسه.

وفي وصف طريقتها تقول منتسوري: إن تكتيكات طريقتي تتوافق والنمو البيولوجي والنفسي للطفل ، وترتكز على ثلاثة محاور هي:-

1- التربية الحركية.

2- تربية الحواس.

3- اللغة – القراءة والكتابة والحساب.

التربية الحركية:

تعتبر إدارة البيئة التعليمية المهيأة للأطفال واشتراكهم الفعال في العناية بها وبما فيها من أدوات وأجهزة هي الوسائل الأساسية للتربية الحركية، وعن هذه التربية تقول منتسوري:

إنها عملية معقدة جدا لأنها تتطلب التنسيق بين كل عضلات جسم الطفل، ولهذا يجب ألا يكون هناك إصرار على تقييد حركة الطفل بل يجب أن يسمح له بحرية التنقل وأداء الأعمال بتوجيه المرشدة، وهذه الحرية أساسها النظام والهدوء في بيوت الأطفال كما تهتم التربية الحركية بتعليم الأطفال كيف يعتنون بأنفسهم ويعتمدون عليها.

والتربية الحركية نوعان:

1- نوع يتم داخل جدران بيت الأطفال حيث تجلس المرشدة بجوار الطفل الذي يراقب كيف تعمل أصابعها في فك وتركيب زر أو عروة زر أو ربط شريط بطريقة معينة، بحركات متأنية جدا حتى يتاح للطفل أن يتابعها.

ويلاحظ أن المرشدة تتكلم قليلا ولكنها تعمل كثيرا ومنها يتعلم الأطفال مثلا كيفية الجلوس حول المائدة، توزيع الأطباق ثم جمعها، وترتيب المائدة وإعادة الأدوات إلى أماكنها إلى غير ذلك من الأعمال والتدريبات مثل الربط والفك، الفتح والإغلاق، الحل والتركيب باستخدام الأدوات التعليمية، كما يتعلمون كيف ينظفون غرفهم.

كل ذلك يتم بطريقة لا تكاد تسمع لهم صوتا إذ أن الهدوء شرط أساس.

2- أما النوع الثاني فيتم خارج البيت في الحديقة حيث يقومون بأعمال ترتبط برعاية الأرض والنباتات فمثلا زراعة حوض أو الاعتناء بالأشجار والأزهار أو تربية الطيور أو الأرانب أو الدجاج وإطعامها، أو يشتركون في وضع طوب حول حوض من الزهور.

وقد يمارس الأطفال بعض التمرينات الرياضية التي تختار لهم بعناية، وإذا لم تسمح الظروف الجوية فيمكن ممارستها داخل البيت دون إحداث ضجيج أو فوضى.

طريقة منتسوري في تربية الحواس:

تقول منتسوري: (إن محتويات العقل تتكون مما يأتيه من حواس الفرد، ولذلك صممت العديد من الأدوات التعليمية لتسهيل هذه المهمة) ولم تكن منتسوري الوحيدة في هذا الاعتقاد فقد سبقها العالم فردريك هيربارت الذي قال: (إن الحواس هي البوابات أو المداخل التي تدخل من خلالها المعلومات والمعارف التي يكتسبها الطفل وإنه لا يوجد شيء في العقل لم يكن من قبل في الحس).

وفي تربية الحواس تبدأ منتسوري بتدريب العين (حاسة البصر) إذ تتدخل المرشدة في أول الأمر عندما يستخدم الطفل صندوقا خشبيا به فتحات مستديرة ويعمل على تثبيت مجموعة من القطع الخشبية الأسطوانية الشكل والمختلفة الأقطار في تلك الفتحات، ويمسك الطفل هذه القطع الخشبية من المقبض الخاص بها ويحاول أن يضعها في الثقب أو الفراغ الذي يتناسب قطره مع قطر القطعة، وينحصر عمل المرشدة على إعطاء الإرشادات. أما وضع القطع في الثقوب فلا يقبل الطفل إلا أن يقوم به بنفسه، ويخطئ الطفل أحيانا ويكتشف خطأه عندما لا تثبت القطعة الأخيرة في الثقب المتبقي. إن عيني الطفل تلاحظان قطر القطعة وقطر الفراغ وتتعلمان اختيار المناسب، وتبرق عينا الطفل بفرحة النجاح ثم يكرر هذه العملية مع نفس القطع مرات ومرات ثم ينتقل إلى صندوق آخر وفيه قطع أخرى ذات شكل مختلف وهكذا تستمر اللعبة.

وتنتقل إلى تدريب (حاسة اللمس) وتعتبر هذه الحاسة من أهم الحواس إذ تبلغ عند الطفل في سن الروضة ضعف مثيلتها عند الراشد.

يغسل الطفل يديه بالماء الدافئ والصابون ثم يجففهما ويعلق المنشفة حيث كانت، وفي أول الأمر تتدخل المرشدة فتعرض على الطفل مسطحا نصفه ناعم والنصف الآخر خشن، ثم تمسك يده الصغيرة وتدع أنامله تلمس النصف الناعم ثم

تأخذها بهدوء إلى القسم الخشن كي يحس الفرق في الملمس ثم يتدرب على ذلك بمفرده حتى يصل عدد الأسطح إلى ستة.

وفيما بعد تعرض عليه المرشدة مجموعة قطع من الصوف والحرير والمخمل والخيش والتيل... ومن كل عينة قطعتان، ويحضر الطفل منديلا نظيفا يعصب به عينيه ثم تتحسس أطراف أصابعه القطع ويضع كل قطعتين من ملمس واحد معا ، ثم يرفع المنديل ليرى مدى نجاحه، وفي مرة أخرى عليه أن يرتبها متدرجة من النعومة إلى الخشونة... وبهذه الطريقة يستطيع أن يفرق بين المستطيل والمربع والدائرة وهو مغمض العينين معتمدا على تتبع الشكل الخارجي بأصابعه.

وتنتقل منتسوري بعد ذلك إلى تدريبات خاصة (بحاسة السمع)، فتحضر ست علب أسطوانية الشكل مصنوعة من الورق المقوى ولها غطاء، وتحتوي كل علبة على مادة معينة مثل الرمل، الخرز، الحصى، الزجاج، الحديد وحبات من القمح. وعلى الطفل وهو معصوب العينين أن يصنف كل اثنتين متشابهتين معا وذلك تبعا للصوت الصادر من كل منهما وتعتبر هذه الخطوة الأولى، أما الخطوة الثانية ففيها يرتب الطفل هذه العلب بادئا بصاحبة الصوت المنخفض ومتدرجا إلى صاحبة الصوت الأشد ارتفاعا.

وهكذا ترى منتسوري أن طريقتها في تربية الحواس تسير في ثلاث خطوات:

1- تدريب الحاسة للتعرف على الأشياء المتشابهة تماما.

2- تدريب الحاسة للتعرف على الأشياء المختلفة.

3- تدريب الحاسة للتمييز بين الأشياء المتشابهة والتي بينها اختلافات طفيفة.

طريقة منتسوري في تعليم الطفل القراءة والكتابة والحساب

نزولا عند رغبة الكثير من الأمهات اللواتي طلبن من الدكتورة ماريا منتسوري أن تعلم أطفالهن القراءة والكتابة، ولم يكن هذا في خاطر منتسوري أو خططها أو طريقتها لأن جوهر فكرتها يعتمد على تعليم الطفل مهارات الاستماع والتحدث والكتابة والقراءة ويتبلور في العبارة التالية: أن تهيأ للطفل الظروف المواتية في وقت مبكر تتمشى مع إمكاناته وقدراته حتى يعد من جميع النواحي إلى تقبل أنواع التعليم التي تقدم له، إضافة إلى أن منتسوري كانت تمجد عمليتي الملاحظة والتجريب وإجراء تعديلات فيها حتى تتحقق الفائدة المرجوة.

وهذا ما فعلته ماريا منتسوري في تعليم الكتابة والتي تسبق القراءة في نظامها، فقد لاحظت الأطفال وهم يكتبون ودققت النظر في حركات أصابعهم وأيديهم ثم حللت المهارات العديدة المتضمنة في عملية الكتابة وكيف تمسك أصابع الطفل بأداة الكتابة وتحركها حركات دقيقة لرسم شكل الحرف المطلوب، وبهذا صممت بدقة وعناية مجموعة تدريبات وأدوات تعليمية من شأنها بعد أن يتدرب الطفل عليها أن تمكنه من إجادة الحركات العضلية المطلوبة والتوفيق بينها وبين الرؤية والتفكير، مما يجعله مستعدا لعملية الكتابة الفعلية.

يهيئ برنامج الإعداد للكتابة الطفل للكتابة والقراءة معا، وقد قسمت منتسوري التدريبات في برنامجها إلى مجموعتين :

تهدف المجموعة الأولى إلى تمكين الطفل من استخدام الأداة التي يكتب بها، إذ يجد أمامه خشبيا في وضع مريح بالنسبة له كما يجد مجموعة من القطع المعدنية لأشكال هندسية مجوفة، وأقلاما ملونة، وعليه أن يتناول شكلا هندسيا ويثبته بيده اليسرى وأن يتخير قلما ملونا يمر به حول الحدود الداخلية للشكل الهندسي، وبعد ذلك يختار قلما آخر ذا لون مختلف يخطط به الحدود الخارجية

لنفس الشكل، ثم يرفع الشكل بعد ذلك فتظهر له نتيجة ما خطه وهي حدود الشكل الهندسي بلونين مختلفين، ويكرر العمل باستعمال أشكال هندسية أخرى مثل المربع والمستطيل والدائرة وبألوان أخرى مختلفة.

وبتكرار العملية يجد الطفل سعادة كبيرة في رسم تلك الأشكال وملء الفراغات بألوان مختلفة، ويشعر بالغبطة مما أنتجه ويحتفظ به في درجه الخاص.

وتهدف المجموعة الثانية من التدريبات إلى تمكين الطفل من رسم أشكال الحروف الهجائية إذ يعطى مجموعة من الصناديق في كل منها مجموعة بطاقات، وكل بطاقة ملصق عليها حرف صنع من ورق مصنفر، وفي صندوق آخر يوجد مجموعة بطاقات ذات مساحة أكبر من السابقة وقد ألصق على كل منها عدة حروف متشابهة الشكل مثل (ب، ت ، ث) (ج، ح، خ)، (د، ذ) و(س، ش) وهكذا.

يخرج الطفل بطاقة والمرشدة معه وتمرر إصبعين على شكل الحرف ويقلدها الطفل فيمر بإصبعيه السبابة والوسطى على الحرف كأنما هو يكتب ذلك الحرف فعلا. وعندما يتحسس الطفل حرفا من الحروف والمرشدة بجواره تنطق صوت الحرف ثم تلمس أنامله شكل الحرف وينطقه كما فعلت المرشدة، وبطريقة التدريب والتكرار يصبح باستطاعته لو أغمض عينيه وتحسست أنامله أشكال الحروف أن يعرفها وينطقها.

وعندما يصل الطفل إلى هذه الدرجة من التمكن، يستطيع إذا رأى شكل الحرف أن يستدعي عقله صوت هذا الحرف ويكون بذلك قد بدأ يقرأ .

وعندما يبدأ الطفل تعلم العد فإن المرشدة تستخدم العيدان الخشبية المتدرجة في الطول وأقصرها طوله عشرة سنتمترات ولونه أحمر، والثاني طوله عشرون سنتمترا ويتكون من جزأين أحمر وأزرق متساويين في الطول، أما الثالث فيتكون من ثلاثة أجزاء متساوية ذات ألوان مختلفة: أحمر، أزرق، أصفر، وتشير المرشدة إلى هذه العيدان في تتابع والطفل يلمس كل منها مرددا واحد، اثنان، ثلاثة...الخ.

وتستخدم منتسوري نفس فكرة تعلم الحروف الهجائية فتعرض المرشدة على الطفل بطاقات ملصق على كل منها رقم قص من ورق مصنفر، ويمر الطفل بأصابعه على الرقم في نفس اتجاه كتابته وفي نفس الوقت ينطقه، ثم تضع المرشدة أرقاما على المنضدة وعلى الطفل أن يضع بجانب كل رقم عددا من المكعبات المساوية لهذا الرقم، وهكذا ينتقل الطفل إلى التدريب على كتابة الأرقام كما تعلم كتابة الحروف الهجائية.

درس الصمت في طريقة منتسوري

من التدريبات الهامة في تدريب حاسة السمع عند الأطفال ما أطلقت عليه منتسوري درس الصمت والذي له أثر واضح في تعويد الأطفال على النظام والهدوء في عملهم.

وليتصور القارئ ثلاثين أو أربعين طفلا جلسوا مع المرشدة في حجرة أغلقت نوافذها وسادها بعض الظلام، وخيم السكون التام إلا من أصوات تسللت من الخارج بين الحين والآخر ولكنها لا تزعج مهابة الصمت، والأطفال إما جلوس على كراسيهم الصغيرة وإما مفترشون أرضية الغرفة ولكنهم مستريحون من غير ملل. وفي هذا الصمت الرهيب لا تصدر عن أي طفل أية همسة أو حركة أو حتى شبه ضوضاء، فالعضلات في حالة استرخاء، والرأس ثابتة، وقسمات الوجه هادئة والتنفس بطيء غير مسموع، كأنما انتقل الأطفال إلى عالم التأمل والسكينة، أو كأنما وجد جدار بينهم وبين العالم الخارجي فهم في بوتقة تحتويهم في جو هذا الصمت والهدوء والسلام.

ويستمر درس الصمت وتنسحب المرشدة في هدوء كامل إلى المؤخرة حيث لا يراها الأطفال، وتنادي على كل طفل في همس خفيف يحمله الهواء إلى الآذان فيشير الطفل بيده دليلا على أنه سمع همسة اسمه حتى لا يكسر جدار الصمت.

عندما يتعرض الأطفال لعالم الصمت تصبح آذانهم مرهفة يضايقها الصوت المرتفع كما أنها تكون قادرة على التقاط أضعف الأصوات. بعد هذا يسود جو الهدوء أثناء العمل وفي الحركة وفي الحديث وفي كل شيء وهذا ما يميز بيت الأطفال.

وبالرغم من ذلك فالحركة دائبة مستمرة والنشاط لا ينقطع، والنظام لا يتطرق إليه الفوضى والخلل والتشويش، ويلمس الزائر هذا الهدوء إلا في فترات يتطلب فيها عمل الأطفال بعض الأصوات.

هذه الطبيبة الرائعة ماري منتسوري حققت الكثير المبدع في بيوت الأطفال مما حدا بالحكومة الإيطالية لاختيارها ممثلة لإيطاليا في مؤتمر اليونسكو الدولي الذي عقد في مدينة فلورنسة في شمال إيطاليا سنة 1950، وقد رشحت ثلاث مرات لجائزة نوبل، كما حضرت المؤتمر الدولي التاسع لجمعية منتسوري في لندن سنة 1951، كما اشتركت ونظمت دورة تدريبية لمرشدات بيوت الأطفال عقدت بالنمسا في نفس العام، وألقت سلسلة من المحاضرات في روما في أوائل سنة 1952 وكان هذا آخر نشاط لها قبل أن تلبي نداء ربها في هولندا في اليوم السادس من أيار سنة 1952.

تلك هي ماريا منتسوري وطريقتها في بيوت الأطفال قبل المدرسة.

ماريا منتسوري وبيوت الأطفال

لم يدر في خلد ماريا منتسوري أن تسمي مرحلة ما قبل المدرسة برياض الأطفال بل أطلقت عليها اسم بيوت الأطفال، ولكن فردريك فروبل العالم التربوي الألماني الذي ولد في إحدى قرى ألمانيا عام 1782م أطلق عليها اسم (روضة الأطفال)، وكان ذلك حين ترك ألمانيا واتجه إلى سويسرا وعمل هناك مدرسا ثم مديرا لمعهد المعلمين، وارتبطت باسمه مدرسة تجريبية تضم أطفالا في سن الثالثة. ولكنه ترك عمله ومضى عائدا إلى ألمانيا وأسس معهدا جديدا هناك أطلق عليه اسم (مدرسة التربية النفسية)، لكن هذه التسمية لم ترق له فأخذ يفكر باسم جديد، وبينما هو نزهة بأحضان الطبيعة جاءته فكرة من وحيها لتسمية المدرسة باسم (روضة الأطفال). ومن هذا نجد أن رياض الأطفال كانت فكرة فردريك فروبل وليست فكرة ماريا منتسوري التي أعطيت مكانا جمعت فيه أطفالا في ميدان سان لورنزو في مدينة روما عام 1907 بناء على رغبة وجهت إليها من أمهات عاملات كن يتركن أطفالهن في الأزقة المجاورة حيث يتعرضون إلى إساءة جسمية أو خلقية أو انفعالية فيما لو تركوا بلا رعاية، وهكذا ولدت فكرة بيوت الأطفال وأنقذ الأطفال من شارع الفساد، وقد جعلت منتسوري هذه البيوت أشبه ببيوت الأسر وليس مجرد زرائب للأطفال، وأعدت بيئة خاصة لهم قريبة من البيت الذي تعيش فيه أسرة متوسطة المستوى الاقتصادي، ويفضل أن تكون للبيت حديقة يلجأ إليها الأطفال كي يمرحوا ويحركوا أجسامهم بحرية.

لكل حجرة داخل هذه البيوت وظيفة خاصة فهي إما للنوم والراحة وإما للرسم والأشغال وإما للرياضة والأعمال اليدوية الخفيفة.. الخ. وداخل البيت حجرة كبيرة مركز الأنشطة العقلية تحيط بها حجرات صغيرة ودورات مياه صغيرة تتناسب وحجوم الأطفال، وبها أثاث خفيف ملون وأشكال هندسية متنوعة: مستديرة، مثلثة، مستطيلة ومربعة كما توجد سبورات تتناسب مع قامات الأطفال.

في حجرة العمل قطعتان من الأثاث: الأولى خزانة منخفضة الارتفاع يوضع على سطحها المفارش والزهور، ولها أبواب يسهل فتحها وغلقها وتستخدم لحفظ المواد التعليمية. والقطعة الثانية تحوي مجموعة أدراج صغيرة لكل منها مقبض ملون مخالف للون الدرج، وعلى كل درج بطاقة عليها اسم طفل من الأطفال يضع فيها أشياء تخصه، هذا ومن الضروري وجود زهور طبيعية ونباتات في الغرفة إضافة إلى سجاد ملون يجلس عليه الأطفال حين استعمالهم المواد التعليمية.

وهناك حجرة أخرى تسمى النادي اوحجرة الجلوس الجماعي حيث يستمعون إلى قصة من المرشدة، وبها بعض الأدوات الموسيقية البسيطة المناسبة لسن الأطفال .

أما حجرة الطعام فتحتوي إلى جانب المناضد والكراسي بعض الخزانات لحفظ أدوات المائدة والمفارش والفوط.

وهناك حجرة ملابس يضع فيها الأطفال ملابسهم، ويخصص لكل طفل خزانة أو رف إضافة إلى مشاجب لتعليق الملابس الخارجية كالمعاطف أو غطاء الرأس.

ولا بد أن يتوفر في البيت أدوات ومواد تنظيف لأن الأطفال أنفسهم يقومون بكنس الأرض وتنظيف السجاد وتلميع الأثاث وترتيب الخزانات، كل ذلك يقوم به الأطفال كي يعيشوا في بيئة صحية مناسبة معدة خصيصا لهم كي لا يكونوا في بيت عرائس، لأن هذه البيوت قد خططت لها ماريا منتسوري كي يتم فيها نشاط هادئ وحركة بدون جلبة أو ضوضاء.

الطفل الذي تريده منتسوري

في بيوت الأطفال

تقول ماريا منتسوري: يجب علينا أن نعرف الطفل ونحبه ونحترمه لأن المعرفة والحب يؤديان إلى فهم سليم للطفل والطفولة. وإن هناك مواصفات وسلوكيات يجب غرسها والعمل على تنميتها عند الصغار وهي:

أولا: الاستقلال والاعتماد على النفس:

إن اكتساب الطفل الاستقلالية والاعتماد على النفس أمر هام جدا في تطور نموه، ويشترك جميع الأطفال في حاجاتهم وعزمهم على التمتع بالاستقلال والاعتماد على النفس، فهم يتوقون إلى أن يعملوا لأنفسهم وبأنفسهم ما يعمله الكبار لهم، وإن الاستقلالية جزء أساسي في نمو الأطفال وهي الهدف النهائي لطريقة منتسوري التي تعتمد على خطوات متصلة ومتتابعة في تقدم يؤدي إلى السيطرة الذاتية والاستقلال الوظيفي.

إن كثرة اعتماد الأطفال على الكبار يحبط من الاستقلال الذي ينقلهم عبر مراحل النمو السليم كما نخنق أنشطتهم التلقائية المفيدة.

وعلى الكبار المحيطين بالطفل سواء في البيت أو في المدرسة احترام رغبة هذا الصغير ومحاولاته الدائمة للاستقلال. فلكي ينمو الطفل ويصبح شخصية متكاملة بمعنى الكلمة لا بد أن يتعلم أن يفكر وأن يشعر وأن يختار وأن يقرر وباختصار أن يتصرف بنفسه ولنفسه.

ثانيا: الطاعة:

الكلمة السحرية في بيوت الأطفال هي الطاعة، أي أن الأطفال يطيعون تعليمات وتوجيهات معينة، وهم يحبون أن يطيعوها كما أنهم سعداء بهذه الطاعة.

ومن المفيد أن نعلم سويا كيف تتكون هذه الفضيلة عند الأطفال وقد دعت إليها الأديان السماوية مثل طاعة الـلـه عز وجل وطاعة أولي الأمر وطاعة الوالدين، وإذا توصلنا إلى معرفة كيف ينمو هذا السلوك المتقدم عند الأطفال فإننا نتمكن من مساعدتهم لبلوغ غاية نموهم الطبيعي.

والطاعة لا تتكون تلقائيا عند الأطفال بل هم يتعلمونها تدريجيا مع نمو قدراتهم على التفكير وفهم العلاقات. ولا يطيع الطفل إلا إذا تمشت الأوامر مع إحدى رغباته الحيوية، وإذا لم يكن الطفل قادرا على طاعة إرادته فلن يطيع رغبات وإرادة شخص آخر. وعهدنا أن النظام في المدارس يعتمد على التهديد والوعيد، وبهذا يصبح الطفل غير المطيع شريرا، والطفل المطيع إنسانا محمود الأخلاق في نظرنا، ومعنى هذا أن إرادة الطفل يجب أن تنحى جانبا وإرادة الكبير تكون لها السيادة.

وللطاعة مستويات: ففي المستوى الأول يطيع الطفل أحيانا وليس دائما، وفي المستوى الثاني يمكن للطفل أن يطيع دائما، وفي المستوى الثالث يمكن للطفل أن يستوعب ويقدر أوامر الكبار وينفذها وهذه أعلى مراحل الطاعة التي ترنو إليها التربية.

ثالثا: الحرية والنظام:

تتمثل الحرية في بيوت الأطفال في ترك الصغار يختارون الأدوات التعليمية التي يلعبون بها متى شاءوا ثم يتركونها بإرادتهم. يجب أن يحس الطفل بالتلازم المستمر بين الحرية وتحمل المسؤولية، فالحرية حق له كما أن تحمل المسؤولية واجب عليه، إن الحرية وتحمل المسؤولية متطلبان على الطفل أن يشعر بهما وهو يتدرج في نموه.

لقد آمنت ماريا منتسوري بأن التربية تبدأ بمولد الطفل وأن السنوات الأولى هي أهم السنوات في تكوين الفرد. وآمنت أيضا بأن الطفل يستوعب التعلم من خلال الخبرات المتاحة له في البيئة المحيطة به.

إن الحرية الممنوحة للأطفال ليست حرية بدون قيود بل إنها تحدد بالحدود التي تتطلبها المواقف كما تتقيد بحقوق غيره من الأطفال.

الطفل الحر هو الذي تمت قدرته وأصبح يعالج بنفسه المشكلات التي تصادفه، كما أنه يحسن تقبل التوجيهات والإرشادات ولا يتردد في السؤال عما يعترضه من صعوبات أو مشكلات.

إن بيوت الأطفال أماكن تكاد تكون دور عبادة، كأنما تخضع لأوامر سماوية منزلة تحتم وبكل صرامة أن يكون كل شيء منظما وفي مكانه، كأنما هي ساعة عمل، ولا يمكن تصور طفل يعيش وسط هذا النظام الدقيق ويتبعه في اقتناع ويعاقب نفسه إذا أخل به ويسرع بكل طاقاته إلى إصلاحه..إن مثل هذا الطفل لا بد أن ينشأ فردا مقدسا للنظام، همه تنفيذ قوانين النظام بالدرجة الأولى وإطاعة الأوامر والتوجيهات والإرشادات، فالنظام حرية وهو مرتبط بالطاعة وبالاعتماد على النفس وبالاستقلالية، ثم إن مراقبة حفظ النظام تعتبر من أهم واجبات الطفل، وإن العظمة التي نتطلع إليها في رجال المستقبل تكمن في تربية أعماقهم قبل سن السادسة.

د. أوجيني مدانات

- ولدت في مدينة الكرك حيث درست المرحلة الابتدائية .

- أنهت دراستها الإعدادية والثانوية في مدرسة الملكة زين الشرف عام 1959.

- تخرجت من دار المعلمات/ رام الـله عام 1961.

- اشتغلت في سلك التعليم في مدارس الكرك والزرقاء.

- شغلت وظيفة مديرة مدرسة إعدادية من 1970-1975.

- تابعت دراستها الجامعية وحصلت على ليسانس اللغة العربية وآدابها عام 1970 من جامعة بيروت العربية.

- حصلت على درجة الماجستير في التربية وعلم النفس من جامعة تولين (نيوأورليانز) 1976 .

- شغلت وظيفة مديرة مدرسة الزرقاء الثانوية لمدة سنة.

- شغلت وظيفة ملحق ثقافي في السفارة الأردنية في القاهرة مدة سنتين .

- عادت إلى عمان لتشغل وظيفة عضو في البحث التربوي في وزارة التربية والتعليم الأردنية حتى نهاية 1978، حيث غادرت إلى الولايات المتحدة الأمريكية مرة ثانية.

- عادت إلى عمان عام 1981 بعد أن حصلت على درجة الدكتوراه في التربية وعلم النفس من جامعة آن آربر (متشغان) في الولايات المتحدة الأمريكية.

- شغلت وظيفة عضو برامج في كليات المجتمع في وزارة التربية والتعليم في الأردن لمدة سنتين ونصف.

- درست في الجامعة الأردنية (محاضرة غير متفرغة)

- درست المهندسين الزراعيين في المنظمة التعاونية (محاضرة غير متفرغة) .

- درست في جامعة البلقاء التطبيقية (كلية الأميرة عالية).

- أعيرت إلى سلطنة عمان لتشغل وظيفة نائبة عميدة كلية المعلمات/ الرستاق إضافة إلى رئاسة قسم التربية وعلم النفس فيها لمدة خمس سنوات .

- عادت إلى كلية الأميرة عالية لتشغل وظيفة عضو هيئة تدريس بالإضافة إلى رئاسة قسم التربية وعلم النفس.

- أحيلت إلى التقاعد سنة 1995.

- لها عدد من المقالات التربوية المنشورة في جريدة الرأي ورسالة المعلم ومجلة التربية القطرية .

- تعمل حاليا مديرة الاستشارات التربوية في مركز مدانات وكمال في عمان.

صدر للمؤلفة الكتب التالية

1- سيكولوجية الطفل ط1.

2- سيكولوجية الطفل ط مزيدة ومنقحة

3- الطفل ومشكلاته القرائية- أسبابها وطرق علاجها.

4- تربويات ج1.

5- تربويات ج2.

6- تربويات ج3.

7- تربويات ج4.

8- تربويات ج5.

9- من القلب إلى القلب.

10- وجدانيات .

11- شريط الذكريات.

12- بقايا إنسان

كتب بالاشتراك مع المربية الكبيرة برزة كمال

13- الإشراف التربوي التعليمي

14- سلوكيات الطفل .

15- الإشراف التربوي لتعليم أفضل.

تحت الطبع

1- حكاية شوق

2- تربويات ج6.

3- عندما بكت النجوم